檀上 寛
Hiroshi Danjo

天下と天朝の中国史

岩波新書
1615

プロローグ

一

最近、日本のマスメディアに中国関連のニュースが取り上げられない日はないといってもよい。新聞・テレビはもちろん、雑誌やインターネット上にも中国情報が溢れ、世間の耳目を集めている。二十一世紀に入ってこの方、中国の台頭はめざましく、その動向にまったく無関心でいることは不可能になっているからだ。

GDP(国内総生産)で日本を追い抜き、世界第二位の経済大国となったのが二〇一〇年。それから、わずか五、六年しか経っていないのに、今やGDPは日本の二倍以上。第一位のアメリカに取って代わるのも時間の問題だといわれている。七〇年代末の改革・開放政策が開始された当初、今日の中国を予想した者がいったいどれだけいただろうか。かつて経済大国の名をほしいままにした日本も、いつの間にか主役の座を降りて、脇役の地位に甘んじているのが現状である。

経済面での大国化と並んで、政治面と軍事面でも中国の存在感がいや増している。中でも軍事面は、近年の中国の積極的な海洋進出と相俟って、周辺諸国に対する軍事的脅威が叫ばれて久しい。日本との尖閣問題をはじめ、ベトナムやフィリッピンとも西沙(パラセル)・南沙(スプラトリー)諸島の領有権をめぐり、一向に紛争の止む気配はない。二〇一三年十一月には、東シナ海上空に一方的に防空識別圏をしいて、周辺諸国を唖然とさせた。島嶼部保護の立場から、最近ではベトナム戦争当時の「九段線」まで持ち出し、海上識別圏の設定すら目論んでいるかのようだ。

こうした中国の動きに対して、すでに二〇一四年度版の日本の防衛白書は、「現状を一方的に変更し、事態をエスカレートさせ、不測の事態を招きかねない非常に危険なもの」だと懸念を表明した。また積極的な海洋進出を「国際法秩序とは相容れない独自の主張に基づき、力を背景とした現状変更の試み」だと論断し、警戒感と不快感を隠そうとしない。「独自の主張」に関しては中国側の言い分もあろうが、たしかに国際法に照らせば中国の主張が独自に見えるのも事実であろう。

二

じつは中国の海洋進出は今に始まったわけではなく、その方向性はすでに十余年前から明確に示されていた。

二〇〇五年四月、「鄭和《ていわ》の西洋下り（日本では「鄭和の南海遠征」という）」六百周年を記念して、中国政府は七月十一日を中国の「航海日」と決定した。明代の宦官《かんがん》鄭和は皇帝の命を受け、一四〇五年から一四三三年までの二十八年間に、二万七千余名の兵士と六十余隻の戦艦を率いて、東南アジアからインド洋、さらにアラビア、アフリカ東海岸にいたる大航海を、前後七度にわたって実施した。

七月十一日が航海日とされたのは、第一回航海の出港日がその日であるためだ。六百周年に当たる二〇〇五年には鄭和関係の学会が各地で盛大に催され、彼の航海事業が顕彰された。その際、「鄭和の西洋下り」にちなんで、中国政府がわざわざ航海日を制定したことは、中国の海洋への関心のありようをうかがわせて非常に興味深い。

鄭和は訪問国に到着すると、その国の王に多くの贈品を下賜《かし》し、それと引き換えに明への入貢を要求した。これを受けて、アジア・アフリカの三十数カ国（内陸諸国を含めると六十余国）が使節を派遣し、明との間に朝貢関係が成立する。

この結果、十五世紀前半に明を中心とした世界秩序が完成し、明は宗主国として朝貢国に一定の影響力を及ぼした。近年の中国がアジア・アフリカ諸国に大規模な経済支援や技術協力を行う一方、自国の政治的影響力もしっかり拡大している巧みな外交戦略と、ある種通じないでもない。二〇一五年十二月に鳴り物入りで設立されたアジアインフラ投資銀行にも、そんな中国の大国としての思惑を見て取ることが可能だろう。

航海日制定の意図が、はたして奈辺にあるのかはしばらく措き、現代中国の海洋への関心の高まりが、その根底にあることは疑いない。「西洋下り」に対する中国政府の公式見解は、中国とアジア・アフリカ諸国との政治・経済・文化上の友好関係の構築に、大きく貢献したというものである。なるほど、たしかにそうした側面のあったことは事実であろう。だが、中国政府の公式見解に水を差すわけではないが、友好・親睦のためだけに鄭和艦隊が派遣されたとはとうてい思えない。

なによりも、鄭和は行く先々の国で朝貢をうながしており、決して対等な国交を結ぼうとしたわけではなかった。明と当該国との間に君臣関係を設定し、それによって安定した国際秩序を確立しようというものであった。それゆえ、明側の要請を拒絶し敵対的な態度に出た国には、武力を用いて国王を取り替えることすら辞さなかった。平和外交は建前であって、その裏には明の本音が隠されていたことを知る必要がある。

三

中国側の高圧的な態度は、別に明代だけに特有のものではなく、古来中華帝国が周辺諸国に対して取る一つの行動パターンであった。

もちろん、これを現代中国の海洋進出の問題に直接結びつけることはできない。だが、中華帝国のＤＮＡが今日の中国に少しも受け継がれていないかといえば、一概に否定することもできないだろう。むしろ、現代中国の行動を理解するためにも、伝統的な中華帝国の行動原理を追究し明らかにする必要があるのではないか。それを「天下」と「天朝」というキーワードで歴史的に読み解いてみようというのが、本書のねらいなのである。

本文中で詳しく述べるが、ここでいう天朝とは、天命を受けて天下を統治する天子の朝廷のことを意味する。中華帝国は儒教が国教化された漢代以降、全時代を通じて自他ともに現王朝のことを天朝と呼称した。儒家思想にある有徳の天子の朝廷を演じることで、中華帝国は天下統治の根拠を得たのである。その論理によれば、天朝が治める天下の境域は、天子の徳の程度に応じて自在に変化するため、中華帝国の領域が拡張すれば、それは天子の徳の高さを示す証しとみなされた。

つまり逆にいえば、中華帝国の行動は天朝の論理にのっとりさえすれば、すべて正当化されたわけで、歴代の王朝はその論理をいかに現実政治に援用するかで、躍起にならざるを得なかった。時には姑息な論理操作を行うことで、天下統治の正当化が図られた。こうした状況が二千年近くにわたって存続してきたのだから、中華帝国の天朝としてのＤＮＡが現代中国に継承されていても不思議ではない。否、むしろその行動様式・思考様式は、伝統的な中華帝国のそれとさして変わらないと見るのが妥当であろう。

本書は古代から現代にいたる中国の歴史を、天下と天朝の歴史としてとらえ直すことを目的とする。ただし最初にお断りしておきたいことがある。先述来、中国という言葉をなんの断りもなく使用しているが、じつは現在われわれがイメージする中国という国家、あるいはその領土が確定するのは、ようやく二十世紀になってからである。それまでは中国という国家はなく、いわゆる中国大陸に興亡した漢、唐、宋、明などの諸王朝を、現代からさかのぼって中国と仮称しているに過ぎない。

後述するように、中国という言葉の意味するところや、その地理的範囲は時代によってまったく異なっている。本来、中国とは多様な概念であり、王朝そのものとは必ずしも重ならない。だが、諸王朝の総称として中国に代わる適当な言葉は見つからないため、本書では便宜的に中国という用語をそのまま使用する。したがって、本書の中では現代的な意味での中国と、厳密な意味での中国という呼称との両様の使い方がされるので、その点については十分に注意していただきたい。

目　次

目　次

第一章　溥天の下、王土に非ざる莫し――春秋・戦国時代

天朝と中国

最初に、本書のキーワードである天朝という言葉についてあらためて説明しておこう。天朝とは読んで字のごとく、「天子の朝廷」のことである。東アジアの中心国である中国は、伝統的に自尊の意味を込めて自国のことをそう呼んだ。この言葉自体、歴史用語であり、おそらく紀元前後の漢代の頃に生まれたものと思われる。その後、歴代の王朝でも普通に用いられ、最後の王朝の清の時代に西欧列強の侵略が活発化して以後も、清は天朝大国としての矜持をかたくなに保持し続けた。

この天朝ないし天子の統治する空間が天下である。かつて中国人の中には天の観念があり、それによると宇宙の主宰者である天は姿かたちがないため、天下統治の代行者を有徳者の中から選び、彼に天命を下して天の子、天子に任命するという。

天子とは天の委任を受けて天下を治める有徳者であり、天子が徳を失い天意(じつは民意)に反して勝手な行動をとると、天は怒って別の人物に天命を下す。いわゆる革命である。古来、新王朝の創設者は前王朝が失徳したため新たに自分が天命を受けたとし、天命思想で自王朝の正当化を図るのを常とした。

秦の始皇帝が中国を統一して以来、少なくとも儒教が国教化された漢代以後は、皇帝が天子として天下を治める構図が確立する。皇帝は天子の役割を演じることでその地位を保障され、天下統治の権限を与えられた。天朝とは本来、天命を受けて天下を統治する有徳の天子の朝廷のことなのだが、現実には皇帝が天子に仮託されたことで、現王朝ないしその朝廷はひとしなみに天朝と呼ばれたわけだ。

例えば、中国王朝によって「冊封《さくほう》(中国皇帝が周辺国の王を認定すること)」された国は、中国皇帝(天子)の臣下となり、中国王朝のことを上国、天朝、あるいは単に朝廷と呼称した。朝鮮王朝(一三九二~一九一〇)の根本史料である『朝鮮王朝実録(李朝実録)』とか、琉球王国(一四二九~一八七九)の外交文書集『歴代宝案』の中にはこれらの文字が頻出するが、それが中国王朝の明か清の朝廷を意味していることはいうまでもない。

冊封された国からすれば、中国王朝は天子の朝廷すなわち天朝であり、逆に中国王朝も周辺諸国(当時の言葉で蕃国《ばんこく》という)・諸民族に対し、自国のことを天朝と称した。中国が天朝であれば、中国から蕃国におもむく使者は天朝の使者つまり天使であり、天子の命令を伝える使節として当地では手厚く遇せられた。明清王朝と活発な交流を展開した琉球が、冊封使一行のために那覇港付近に天使館という中国風の官舎を建て、彼らを接待したのはそのためである。

天下とは

いずれにせよ、天子（皇帝）の統治する空間が天下であるわけだが、では、そもそも天下とはいったい何なのか。

文字通り天の下ということで、今日いうところの世界 world のことなのかというと、はっきり言ってそうではない。

溥天《ふてん》の下《もと》、王土に非《あら》ざる莫《な》く、率土《そつど》の浜《ひん》、王臣に非ざる莫し。（『詩経』小雅・北山）

天下の中心には必ず天子（王）が存在し、その威徳の及ぶ範囲が天下なのである。天下と天子とは切っても切れない関係にあり、ここが今日の世界と大きく異なる点である。

それゆえ観念的には、天下は天子の徳に応じて自在に伸縮し、明確な境域というものが存在しない。天子の徳が高ければ高いほど天下は拡大し、逆の場合は縮小する。現実の皇帝が統治

狭義の天下

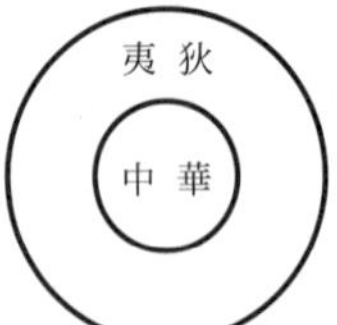

広義の天下

する天下も同様で、領域の拡大および朝貢国の増大が皇帝の有徳の証しとされ、天下統治の正当化の根拠になった。その際、現実の王朝治下にあっては、天下が広狭二つの意味でとらえられていたことに注意する必要がある。

まず、狭義の天下というのは、中国王朝が実際に支配している地域、実効的支配領域のことで、秦の中国統一以来、郡県制（隋・唐以後は州県制）という行政制度の施行された区域をいう。中央から官僚の派遣される中華（華）の地であり、そこには周辺諸国・諸民族すなわち夷狄《いてき》（夷）の地は含まれない（上図）。伝統的な呼称に従えば、古代の聖王である禹《う》が統治したと伝えられる「九州」がそれに相当しよう。

これに対して、広義の天下とは中国王朝とその周辺諸国・諸民族の両方を合わせた範囲、つまり中華＋夷狄、別言すれば華＋夷の地を指す（下図）。いずれも天下という観念で表現される天子（皇帝）の統治する空間である。

われわれが普段よく使う言葉に「天下統一」という語句がある。新王朝ないし新政権が確立したときの常套句で、政権担当者が支配領域を統一したことを意味する。つまりここでの天下統一は、中国王朝の国内（実効的支配領域）である九州が統一されたということで、いわゆる狭義の天下での状況をいう。一般に天下統一の宣言は対国内向けのもので、これによって王朝内部の政治基盤のいっそうの安定が図られた。

中国人にとっての天下

一方、中国王朝（中華）が周辺諸国（夷狄）の王（当時の用語で蕃王という）を冊封したとき、蕃王は中国皇帝に臣従することになるが、この場合、中国皇帝が蕃王に下す命令には、天子号の刻まれた玉璽が使用された（実際には必ずしもそうではなかったが、規定では漢代から清代まで一貫していた）。

つまり、天下における天子として夷狄に臨むわけで、それはとりもなおさず夷狄も天下の一部であると認識していたことを物語る。ここでの天下は中華と夷狄、つまり華と夷の両者を含む広義の天下でなければならない。周辺諸国が中国王朝を天子の朝廷＝天朝と称するのは、この広義の天下を念頭に置いてのことである。

このように、天下という用語には広狭両様の意味合いがあるのだが、はたして中国人がその事実をどれだけ認識していたかは定かではない。もともと天下が天子の徳に応じて自在に伸縮する以上、中国人の脳裏では広狭二つの天下が渾然《こんぜん》と一体化し、明確に区別されないまま無意識裡に天下と称していたというのが実情に近い。それゆえ、広狭いずれかの天下が本当の天下だというわけではなく、中国人にとってはどちらの天下も本当の天下であった。

問題は、広狭二つに分かれる天下のありようである。先に狭義の天下とは中華のことで、広義の天下とは中華＋夷狄のことだと述べた。では、そもそも中華とはいったい何なのか。あるいは中国とは何なのか。その内容はどのようなものなのか。天下を論じる前に、まずはこの点を明らかにする必要があるだろう。

夏から諸華へ

一般に中国、中華（中夏）、華夏、諸華（諸夏）あるいは単純に華（夏）などと称されるこの用語のうち、最も古いのが夏《か》と中国であり、これらはすでに西周時代（前十一世紀〜前八世紀）から存在する。夏とはいうまでもなく中国最古の夏王朝のことだが、夏の次の殷《いん》を経た周代になっても、周人は自分たちのことを夏と称していたらしい。その場合、夏の含意するところは、周王朝が直接支配する地域、黄河上流域の周の直轄領という狭い領域に限られ、決して中国全体を意味するものではなかった。

当時の中国は鎬京《こうけい》（西安）を都とする周を中心とした封建制時代であり、各地には周の同族をはじめとする諸侯が封建され、周はそれら諸侯と同盟関係を結んで盟主としての地位を維持していた。少なくとも周が前七七一年にいったん滅び、洛邑（洛陽）で再興して東周時代（春秋時代)になるまでは、周は盟主としての権威を保ち続けることになる。

この間、周は同盟諸国、同族諸国との間で軍事的協力関係を築き上げたが、それら諸国の中ではしだいに強烈な一体感が生まれてくる。その一体感は自分たちを同類とみなす意識へと昇華し、それを特別の用語で表現した。それが諸夏、諸華、華夏などの用語に他ならない。従来は周の直轄地だけを夏と呼んでいたのが、春秋時代以後になると周と同盟諸国をあわせてこう呼ぶようになったのである。諸夏、諸華などは夏(華)の複数形であり、周一国だけでないことは字面からも見て取れよう。

このうち夏は夏王朝に由来するが、華とは「華やか」が転じて文化が優れていること。彼らが自分たちのことをそう呼んだのも当然であり、当時これら周と同盟諸国は中国の中心部、すなわち文化的先進地の黄河中・上流域に位置しており、いわゆる中原地域に存在した。彼らは自分たちの文化的優越性を示すために、自らを諸夏、諸華、華夏などと呼び、周辺諸国を見下したのである。

そもそも中原という言葉が使われだすのもこの頃で、まさに中国の中心部＝文化的先進地＝中原＝華(夏)という観念が、春秋時代の頃に生まれていたことが分かるだろう。ちなみに、この地の住人こそがのちに「華夏族」と命名される中国起源の種族であり、彼らは黄河流域を中心に周辺の諸民族と接触・融合しながら、後世の漢族へと成長・発展していくのである。

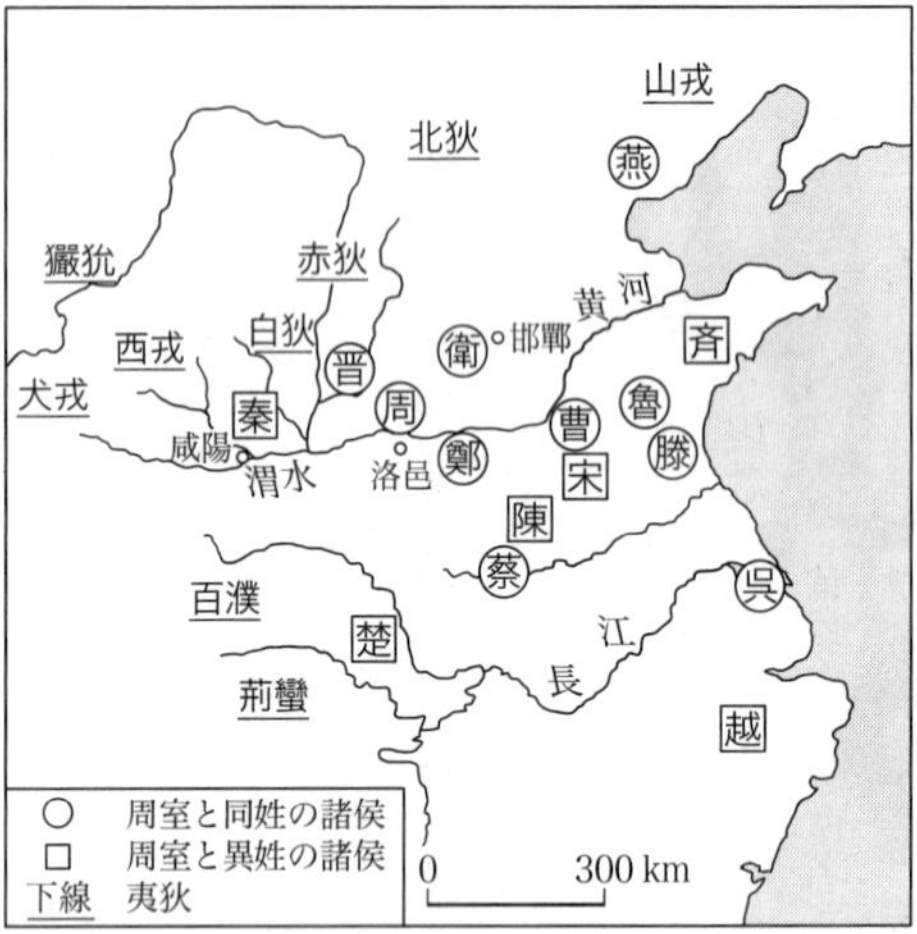

春秋時代の中国

華夏族の同類意識

諸夏とか華夏は一般には夷狄と対置される用語であり、両者の違いを意識することで、諸夏の間の同類意識、連帯感は強められていった。つまり、華と夷の対比の下に華の一体感が醸成され、華夏族が形成されたということだ。ただし、その場合の華夷の境界は、当初は言語や習俗の相違にあり、必ずしも後世のように民族的な違いで分けるものではなかった。

例えば、中原から南方の長江中流域には楚国があったが、中原の諸夏の国からは、南方辺境の夷狄の国と見られていた。楚はたしかに中原の諸夏とは言葉の上でも違いがあったようで、楚王自身が自分たちのことを夷狄と呼んでいる。

楚曰く、我は蛮夷なり。(『史記』楚世家)

とあるのがそれだ。

また楚だけでなく、後に中国を統一する秦も、中原諸国からは夷狄として見下されていた。もともと秦は周が異民族の犬戎《けんじゅう》に滅ぼされて洛邑に移った際に、襄公(前七七七〜前七六六)が周の復興に貢献したことから、周の去った陝西地方に封ぜられ諸侯の仲間入りをした。だが諸侯になっても、辺境にいて文化も後進であったため、中原からは常に夷狄として貶められていた。『史記』秦本紀は次のようにいう。

周室が衰えると、諸侯は政争に明け暮れ、互いに領土を併呑するようになった。秦は遠く雍《よう》州(陝西省)にあって、中国の諸侯の会盟にあずからず、夷翟《いてき》(夷狄)として遇せられた。

しかし、春秋時代(前七七〇〜前四〇三)の後半から戦国時代(前四〇三〜前二二一)になると、中原(諸夏)の文化が辺境に普及し、楚や呉などの辺境の国々の中には中原で諸侯を集めて会盟を行い、覇者を名乗る者が登場する(春秋の五覇)。かつての夷狄が中原に進出したり、文化的な差異もなくなったりしたことで、諸夏の仲間とみなされるようになったのである。

このようにして、最初は諸夏＝夏とは中原地域だけに限られていたのが、しだいにその範囲を拡大していくことになる。

中国の拡大

この状況は、中国の範囲の拡大とも対応する。『詩経』大雅・民労の毛伝に「中国とは京師《けいし》なり」とあるように、もともと中国とは周の都ないし都近辺の地を指すもので、決して国家とか民族をあらわす概念ではなかった。

だが、時代の経過とともに周王朝の直接支配する地域、つまり周の直轄領を指すようになり、やがて周および周を取り巻く中原諸国全体を含意するにいたる。あたかも周の代名詞であった夏が諸夏へと拡大したように、中国の境域もまた徐々に拡大したのである。『春秋左氏伝』成公七年には次のようにある。

七年（前五八四）春、呉が郯《たん》（山東省の国）を攻撃したので、郯は降服して講和した。〔魯の大臣の〕季文子が曰うには、中国に威信と兵力がないので、蛮夷が攻め込んできたのだ。だが、誰もそれを心配する者がいない。

見ての通り、中国と蛮夷とが対比的に述べられており、ここでの中国は蛮夷たる呉に対抗する中原の同盟諸国のことで、彼らの中に中国という共通の国土意識が育ってきていることがうかがえる。

この中国観念にとり大きな画期点となるのが、前二二一年の秦の始皇帝による中国統一である。

先帝（始皇帝）、諸侯より起こり、天下を兼ぬ。天下已に定まり、外に四夷《しい》（東夷・南蛮・西戎・北狄）を攘《はら》って以て辺境を安んず。（『史記』秦始皇本紀）

秦、遂に兵を以て六王を滅ぼし、中国を幷《あわ》せ、外に四夷を攘う。（『史記』天官書）

始皇帝によって中原を含む広大な地域が統一されると、これを漢代の司馬遷は天下の統一、中国の統一とみなし、四夷（夷狄）との間に明確な境界線を引いた。ここでの天下（中国）が四夷（夷狄）を除いた狭義の天下、すなわち統一王朝としての秦の実効的支配領域であることはいうまでもない。ここにいたって、中国概念は中原地域を越えて中国全土へと一気に拡大することになった。

中華の誕生

この延長上に登場してくるのが、いわゆる「中華(中夏)」という用語である。今までこの用語にまったく触れなかったのには、もちろん理由がある。それは中国をあらわす概念の中では一番遅く現れたからであり、秦の統一よりもはるかにのちの、二、三世紀の後漢時代から三国時代にかけての造語だと考えられる。

あらためて指摘するまでもなく、中華という用語は中国と諸華との組み合わせで成り立っており、文字通り世界の中心にあって文化のもっとも発展している地域を意味する。後漢末・三国期の中国は異民族の五胡の台頭もあり、中国の外縁には夷狄の世界が広がり、華と夷の違いが強く意識されていた。そうした状況下で生まれたのが中華という新語であり、中国の国土と文化の中心性がその言葉には凝縮されている。

この中華の住民のことを、われわれは普通「漢人」と呼ぶ。周知のように、三国時代は魏から出た晋によって統一されるが、ほどなくして五胡の侵入によって華北地域には五胡の諸国家がつぎつぎと誕生した(五胡十六国時代)。彼ら胡族は漢人のことを「漢狗《かんく》」とか「一銭漢」などと呼んで蔑《さげす》んだため、漢という文字が侮蔑的な意味で使用されるようになる。のちに人を痛罵するときに、悪漢、卑劣漢、痴漢など漢の字を用いるのがそれだ。

この事実はすでにこれ以前から、中華の住人を漢人と呼んでいたことを示していよう。本来漢人とは「漢の人」の謂いだが、かつての漢王朝の住人＝漢人は、中華という造語が誕生する中で、中華の住人へとその意味合いを変質させたのである。華夏族から発展した今日の漢人の祖先は、まさに中華の登場とともにあったといっても過言ではない。

以上、中国、諸華、諸夏、中華などの観念について説明してきたが、なかでも中国、中華が統一王朝の実効的支配領域、あるいは統一王朝そのものを指す観念となったことが理解できたであろう。これを当時の人々のイメージそのままに整理すると次のようになる。

王朝の実効的支配領域＝郡県制施行地域＝中国＝中華（中夏）＝華（夏）＝漢人地域＝狭義の天下＝九州

秦以後の中国の歴史というのは、この観念で示される境域にいくつもの王朝が興亡し、それらの王朝の支配する地域、あるいは王朝そのもののことを中国とか中華と表現したのである。その中華（中国）自体、もとは中原諸国が周辺種族を取り込み膨張したものであり、最後は熾烈な国家間競争を勝ち抜いた秦によって完成されたものであった。中国人が、中華イコール天下とみなすのは、じつはこのような中華の成り立ちとも関係する。だが、ここでの天下が、境域的には狭義の天下であることはもはや言を俟たない。

では、華＋夷の広義の天下は、どのようにして生まれたのか。

戎は禽獣なり

先述したように、諸夏とか華夏という言葉は、夷狄ないし四夷との対比のもとに使用されることが多い。この場合、華と夷の違いは言語・習俗および地域の違いに基づくもので、それゆえ楚、呉、越、秦などの辺境諸国も、最初は夷狄視されたことについてはすでに述べた。

だが、言語・習俗の相違からいえば、異民族との違いがもっとも大きいわけで、当然彼らも夷狄とみなされる。そこでは華夷の違いが民族的な違いとして理解され、華夏族は自分たちを異民族と対比することで、自らのアイデンティティを確立していった。

当初、華の側は夷に対して民族的な違いを認めながらも、差別感などはあまりなかったらしい。言語が通ぜず習俗が異なるのも、民族が違えば当然だということである。だがそれが差別に転じるのも時間の問題であり、とりわけ華と夷の相違を強調する儒家系の書物の中では、その傾向が顕著になっていく。これを儒家思想では「華夷の別《べつ》」「華夷の辨《べん》」などという。

『春秋左氏伝』襄公四年（前六九四）に、「戎《じゅう》は禽獣《きんじゅう》なり」とあるのがその典型で、夷狄（四夷）を人間以下、禽獣に等しいものとみなす観念が華の側に生まれてくる。この観念はやがて同書

僖公二十五年（前六三五）の条の有名な文言、

徳は以て中国を柔《なつ》け、刑は以て四夷を威《おど》す。

すなわち、徳は中国だけに通じるもので、夷狄には刑で臨まねばならないといった、きわめて差別的な観念へと発展していく。

中心と周縁

いずれにせよ、ここに認められるのは、華と夷の区別を民族の相違に求める視点であり、民族的な差異が華夷の境界を分ける第一の基準であった。だが、民族（ないし種族）的な相違は中国の場合、そのまま同時に地域的な相違にも対応する。華と夷の関係は天下の中心部と周縁との関係に置き換えられた。

『春秋』に、其の国を内にして諸夏を外にし、諸夏を内にして夷狄を外にす、とあり。

（『春秋公羊《くよう》伝』成公十五年の条）

中国では、夷狄は諸夏(中国)の外縁に常に位置するものと観念されていた。もともと中原の諸夏からすれば、呉・越や楚は文化・習俗などを異にする外縁の夷狄であったし、さらに中国が拡大すればその外縁にいる異民族が新たな夷狄とみなされたのである。

文化の発達した中国とそれとは逆の夷狄。それはまさしく地理的には中心と外縁との関係としてとらえ得る。実際には中原に住む夷狄もいれば、外縁に住む華夏族もいたはずなのだが、観念的には中心＝華、外縁＝夷とみなされ、外縁(夷)は中心(華)からたえず見下された。中心と外縁、華と夷の両者が緊張感をはらみながらも両立していた世界、これが中国人にとっての広義の天下に他ならなかった。

五服図は語る

古代の中国人は自分たちの住む世界＝天下のことを、「天円地方」と考えていた。円いドーム状の天の下、方形の陸地からなる天下は、周囲を四つの海――東海・南海・西海・北海――に囲まれている。この四つの海＝四海に包囲された大地、つまり「四海の内」がすなわち天下である。この天下の内部はまた次のように観念されていた。

戦国時代に成立した『尚書』(『書経』)あるいは『荀子』をはじめとする儒家系の書物には、「五服図」に関する記述が掲載されている。五服図とは、中華の天子の威徳の及ぶ地域＝天下を、天子の徳化の程度に応じて同心方形状に五段階に描いたものである。五服図の服とは服属の服で、天子への服属の度合いを示す概念図といってもよい。

これによれば、中央には甸服《でんぷく》という方千里（一里は約四百メートル）の天子の直轄地があり、その外側に五百里ずつ拡大して、諸侯の領地である侯服、綏服《すいふく》（または賓服）が存在する。そのまた外側には南蛮と東夷の住む要服、さらにその外側には西戎と北狄が生活する荒服がつづく。

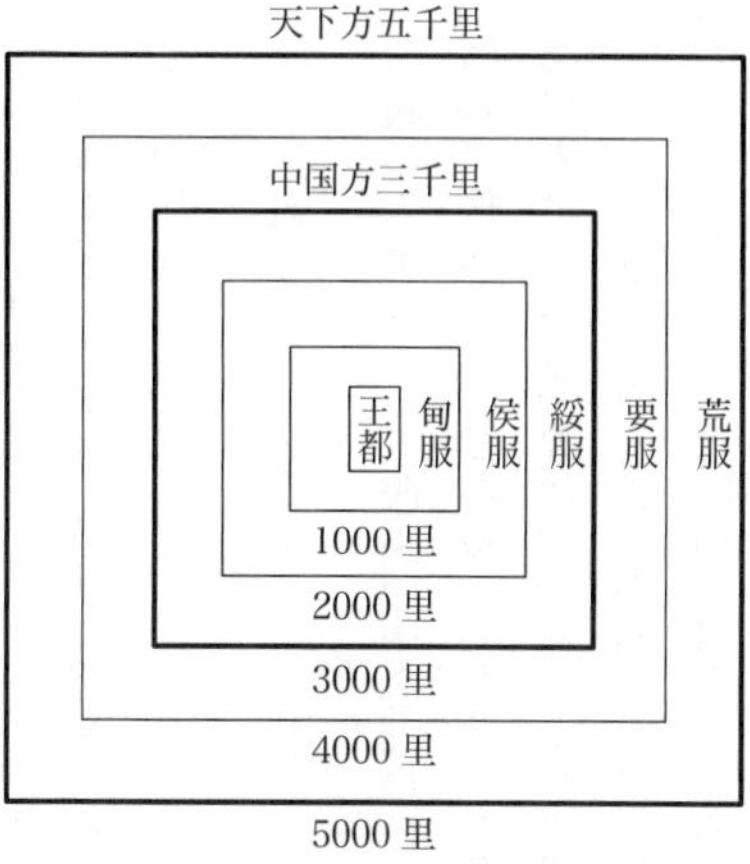

五服図

荒服の外延は「東は海に入り、西は沙漠にまで広がり、北も南も天子の声教を及ぼして、四海に達する」（『尚書』禹貢）。この四海の内（あるいは単に四海）が天下である。五服図では、周辺に行くほど天子の徳が稀薄化し、やがて化外《けがい》にいたって消滅するという。

この図は『尚書』禹貢や『荀子』の成立した戦国時代の世相が反映されている。周の封建制は春秋・戦国時代の頃には崩壊するが、もともと儒家たちは周初の封建制を理想的な政治体制だと考えていた。五服図はそうした封建制の理念をもとに、中国（中華）の周辺に夷狄の世界を設定することで構想された。つまり、五服図に示される広義の天下は、当時の儒家たちのあるべき天下観として、春秋時代から戦国時代にかけて生み出されたのである。

入れ子状態の天下

広義の天下である五服図の中心部には、甸服、侯服、綏服からなる中国（中華）があり、これがのちの狭義の天下である。秦が全土を統一して狭義の天下の範囲が確定すると、周辺の四夷との境界は一段と明瞭になった。これ以後、中国人のイメージする天下が広狭いずれであるかは、彼らの視点が内向きか外向きかで変化するようになる。内向きの場合は狭義の天下で完結したし、外向きならば四夷も含んだ広義の天下が想定されていた。

もっとも、彼ら自身、意図してそうした広狭二つの天下を使い分けたわけではない。彼らの意識の中では広狭二つの天下は未分離で、一体的なものとしてとらえられていた。それは中国（中華）の成り立ちから見ても当然であり、中国自体が複数国家の集合体として誕生したことによる。中国の中には中原諸国（諸夏）の天下が存在し、その中国をも包み込んで上位の天下が形成された。つまり、広狭二つの天下は入れ子状態の同構造となっており、中国人にとっては一つながりの天下と認識されていたのである。

一つの例をあげてみよう。先に見たように、司馬遷は『史記』の中で秦の中国統一を天下統一とも表現し、夷狄を除いた狭義の天下を秦の天下に見立てていた。だがその一方で、同じく『史記』天官書では、次のようにも述べている。

中国は四海の内に於いては、則ち東南にありて、陽たり。……其の西北は則ち胡・狢《かく》・月氏、諸もろの旃《せん》・裘《きゅう》(毛織物や毛皮)を衣《き》て、弓を引くの民たりて、陰たり。

中国は四海の内(天下)では陽にあたる東南に位置し、陰の西北には遊牧民族である胡・狢などの夷狄が生活しているという。司馬遷の天下観は五服図の構図と異なり、中国は天下の東南に位置するという鄒衍《すうえん》の「大九州」説の立場に立つが、ここでいう天下が華と夷の両者を含む広義の天下であることに違いはない。つまり司馬遷の認識でも、狭義の天下と広義の天下が渾然と一体化していたことがうかがえよう。

本書のテーマである天朝を考える際に、この広狭二つの天下は重要な意味を持つ。広義の天下で機能したのは華と夷の名分を正す華夷秩序であり、天朝がこの秩序を正しく運営するかぎり天下は安定する。

一方、狭義の天下(中国国内)では天朝の主宰者である天子の正当性が要求され、特に儒教が正統思想となって以後は、徳治と礼治が君主支配の根拠とされた。天下統治の上で君主がもっとも重視したのが、徳治を実体化した種々の礼に他ならない。

礼とは礼儀作法などの日常の挙措も含むが、より広くは秩序維持のための規範(準則)ないし規範意識、あるいはそれらの具体的な行為形式である儀礼や制度を意味する。礼はやがて広狭二つの天下を覆い、天朝のもとに細密な礼治の構造が築かれていく。これ以後、天朝中国は礼なしには存在し得なくなった。礼治国家中国の誕生である。以下本書では、天子ないし天朝による広狭二つの天下における礼治(徳治)主義の統治構造のことを、天朝体制と呼ぶこととする。

第二章　天朝体制の仕組み――秦・漢

郊祀と宗廟祀

天朝の礼治体系の根幹をなすのは、君主が執り行う天の祀りと祖先祭祀の二つの儀礼である。君主はこの二つの祭祀儀礼を遂行することで、自己の正当性を保障した。祭天儀礼と祖先祭祀は王朝支配にとって必要不可欠となり、君主の専権事項となって歴代の王朝でも踏襲された。それは最後の王朝清朝にいたるまでまったく変わらない。

では、これらの儀礼は中華の礼治構造の中で、いったいいかなる意味を持ったのか。その由来は何なのか。ここで再び天と天子の関係に立ち戻って考えてみよう。

天の観念が生まれたのは西周時代の初め頃で、天観自体には時代による変遷があるものの、終始一貫して中国人の意識を規定し続けた。天体の運行から四季の循環、方位方角、あるいは王朝の交替にいたるまで、万事・万物・万象はすべて天の意志に基づくものと考えられた。

とりわけ天の最大の役割は有徳者に天命を下して、天下を治めさせることである。つまり天子とは天に代わって天下を統治する存在であり、歴代王朝の創設者はこの天命思想によって、自王朝の正当化を図ってきた。天の観念の生まれた周代も同様で、周王＝天子は地上で唯一の受命者（天命を受けた者）であることを証明し、自分自身の正当性を確保したのである。

この際、周王朝の君主は、天子と王という二種類の称号を用いていたといわれる。天子とは周の基礎を築いた文王が得た受命者としての称号であり、王とはその子の武王が殷を滅ぼすことによって手に入れた、中国の統治者としての身分である。周の君主は天からの受命者である天子と、中国の統治者である王の称号をもって、天下である中国に君臨したわけだ。

この結果、周王には二つの祀りが義務づけられた。一つは天の子＝天子としての天の祀りであり、これは国都の南の郊外＝南郊で行われたため、一般に郊祀《こうし》と称される。いま一つは、王朝創業者の子孫に天子の血統が継がれたことを証明するための祖先（先王）の祀りであり、先王の位牌（神主《しんしゅ》）を安置する宗廟で実施された。この天の祀りの郊祀と先王の祀りの宗廟祀《そうびょうし》とが君主の行う代表的な祭祀となり、やがて儒教が完全に国教化した後漢（二五〜二二〇）以降になると、郊廟と総称されてきわめて重要視されるようになる。

郊廟制度の始まり

もともと郊廟制度は前漢末から後漢時代にかけて、儒教の経書に基づいて始められた。漢の都（前漢は長安、後漢は洛陽）の南郊で天を祀り、北郊で地を祀る南北郊の祭祀は、前漢末の平帝（在位：前一〜後五）の時に王莽《おうもう》（前四五〜後二三）によって確立したといわれる。

それによると、天の祀り（郊祀）は、冬至に有司（係りの役人）が南郊で行い、また夏至には北郊で地の祀りが挙行された。これらはすべて皇帝の代理が行ったため、これを「有司摂事」という。また正月には南郊で天子自らが天と地を祀ったため、これを「天子親祀」といった。すべて儒教の細やかな礼の儀式にのっとり厳粛に実施された。

北京地壇の方丘（辻原明穂氏撮影）

このうち天を祀る南郊壇は円形の円丘であり、地を祀る北郊壇は四角形の方丘である。先に述べたように、中国人には「天円地方」という観念があり、円い天を祀るには円丘で、四角い地を祀るのは方丘でという考えがあったからである。また、天の祀りほどには地の祀りは重視されなかったため、郊祀といえば一般には天の祀りを指すことが多い。さらに天の祀りは、皇帝が天子として執り行う儀礼であるため、祭天のときには必ず「天子臣某（某は本人の諱《いみな》）」

と自称した。

一方、宗廟祀は、王莽に代わった後漢初代皇帝光武帝(在位：二五〜五七)の朝廷で確立された。前漢時代には、死亡した皇帝の位牌(神主)を安置する宗廟が皇帝ごとに作られたが、後漢時代には二代目の明帝(在位：五七〜七五)以後、皇帝は自分の廟を作らず光武帝の世祖廟に合祀するようになった。このように神主を集めて祀る宗廟のことを太廟ともいう。ただし、皇帝が代替わりをしていくと、現皇帝の七代以前の神主は祧廟《ちょうびょう》と呼ばれる別の廟に移された。創業者を除き順次古いものから除かれたのである。

ちなみに、廟に安置する神主には各皇帝の廟号が書かれ、王朝創業者には太祖、二代目には普通太宗という廟号が与えられた。また、宗廟での祀りは毎年定期的に行われる小祭と、三年あるいは五年ごとの大祭に分かれ、いずれも事細かい礼の儀式に基づいて実施された。なお、宗廟祀の際の皇帝の自称は「皇帝臣某」であり、祭天時の「天子臣某」と同じではない。

以上のように、宗廟祀は天命を受けた受命者の後継者が、受命者の血統に連なる天子であることを証明する祖先祭礼であるのに対し、郊祀は天の子である天子が父たる天を祀る祭天儀礼であり、ともに皇帝が天子であることをアピールするための国家祭祀であった。つまり、漢代以後の皇帝は儒教の天命思想にのっとり、自分が天子であることを演じることで、皇帝としての地位を正当化したのである。

儒教の国教化

知られるように、漢の前の秦は全国を統一すると法家思想を正統思想と定め、法による王朝支配をめざした。初めて中国を統一した秦にとり、秩序維持のためにもっとも有効なのは法であると認識されたからである。だが、あまりに法に頼りすぎた秦は、その息苦しさに耐えかねた民衆の反乱により、あっけなく崩壊する。けっきょく秦が法による支配に失敗した後、秦に代わった漢は、法家思想をやめて新たに儒家思想を正統思想として採用することになる。

ただし、いきなり儒教が漢王朝の正統思想となったわけではない。漢の初めに流行したのは黄老思想という道家の思想で、秦の政治に反発して無為自然が尊ばれたことによる。また、漢王朝の創設者である高祖劉邦(在位：前二〇二～前一九五)もやくざ上がりで教養もなく、儒教嫌いで通っていた。臣下の多くも同様で、無教養な荒くれ集団が天下取りに成功して誕生したのが漢王朝だったといってよい。礼とか聖人の教えを説く儒家思想が、どだい受け入れられようはずもなかった。

やがて国内の混乱も収まり王朝の基盤も確立したことで、ようやく儒教は正統思想として認められた。通説では第七代皇帝武帝(在位：前一四一～前八七)が、儒者の董仲舒《とうちゅうじょ》の意見を採用して五経(易《えき》、詩、書、礼、春秋《しゅんじゅう》)博士を置いたことが一つの契機となったという。いわゆる「儒教の国教化」である。ただし国教化の時期については、今日では武帝よりもう少し後世のことだとされ、王莽の時代（在位：八〜二三）だとか、あるいは後漢時代になってからだとか諸説紛々で一定していない。

重要なことは、漢王朝は儒教によって支配の正当化を図り、最終的には儒教は体制教学として中国社会を規定したことだ。

ただ、漢代の儒教の国教化に当たっては、王朝側の方針もさることながら、一方で儒者の側も積極的に働きかけている点には注意する必要がある。それは儒者にとって漢王朝をいかに正当化するか、あるいは正当化できるか否かは、儒家思想が生き残るための死活問題だったからである。その際、彼ら儒者にとってもっとも重要な問題は、皇帝支配をどのようにして儒家思想で正当化するかということであった。

皇帝支配の正当化

これは非常に困難な問題であった。なぜなら皇帝制度は秦の始皇帝の始めた制度をそのまま踏襲したものであり、もともと皇帝という存在自体、儒家思想とはまったく相容れないものだったからである。

皇帝とは伝説上の三皇五帝にちなんだ君主の称号であり、始皇帝はそれを「煌々（皇皇）たる上帝」に比定して自己の権威を高めている。煌々たる上帝とは光り輝く上帝の意味で、上帝とは天の神、すなわち天そのものを指す。言い換えれば、皇帝とは天に等しい絶対者として地上に君臨する者であり、始皇帝は自らを宇宙の主宰者＝上帝（天）になぞらえて、皇帝を名乗ったのである。

これに対して儒家思想では、地上の主宰者は天子であり、天子とは天命を受けて天に代わって民を統治する有徳者である。天子はあくまでも天の子であり、天そのものではない。つまり、唯一無二の絶対権力者であり地上の天である皇帝と、儒家思想にいう天の代理者＝天子とは本質的に立場を異にするわけだ。皇帝と天子とをどのように同一化・一体化するか、儒家が皇帝支配を正当化するためには、まずはこの問題を解決せねばならなかった。

矛盾の解消に向けて儒家が考え出したのは、皇帝号と天子号との使い分けである。

> 今、漢は蛮夷に於いては天子と称し、〔国内の〕王侯に於いては皇帝と称す。（『礼記《らいき》』曲礼下、鄭玄注）

漢代には蛮夷に対しては天子と称し、国内の王侯に対しては皇帝と称したという。ここでは王侯に代表させているが、じつは国内の官・民全体に対して、皇帝として君臨したということである。また蛮夷には天子として臨んだとするが、先述したように天地を祀る際にも天子と称しており、それぞれ機能別に皇帝号と天子号とを使い分けていることが分かる。

この場合、天地の祀りに天子と称するのは、天の子である以上当然であるが、蛮夷に対しても天子と称しているのには、もちろん理由がある。それは漢の皇帝が蛮夷に接するときには、華＋夷からなる観念的な広義の天下を念頭に置いて、天子の立場で臨んでいたからに他ならない。つまり、実際に統治する狭義の天下＝華(中国国内)では絶対権力者の皇帝として、広義の天下での夷に対しては有徳者たる天子として接していたということだ。

皇帝六璽

それを象徴的に示すのが、「皇帝六璽」と呼ばれる六つの玉璽である。皇帝行璽、皇帝之璽、皇帝信璽、天子行璽、天子之璽、天子信璽の六つで、用途や目的に応じてどの玉璽を用いるかが定められていた。皇帝の文字が刻された玉璽は国内の諸事や対諸侯用に、天子の璽は諸外国ないし天地の祀りに使用するものとされた。制度の運営面では必ずしも規定通りに行われなかったが、王朝の理念は六璽の中に込められていた。まさに皇帝号と天子号に対応させて、六つの玉璽が制定されたのである。

じつは六璽の制度は漢の初めから存在したのではなく、後漢時代になってようやく確立したものだといわれる。

前漢末・王莽時代から後漢にかけての頃は、讖緯《しんい》思想（中国古代における一種の予言説）の流行や王朝交替などもあって、儒家が皇帝支配の正当化に躍起になった時代であった。そうしたなかで皇帝号と天子号との使い分けがなされるようになり、その理論化を進める過程で六璽の制度が定められたものと思われる。玉璽の数は時代が下るにつれて増加し、その用途もしだいに細分化するが、皇帝号と天子号との使い分けは明清時代にいたるまで変更されることはなかった。

もともと異なる存在であった皇帝と天子は、儒家の操作により同一化・一体化が図られて、皇帝は一身に二つの役割を担うようになった。かつて周の君主は天子（受命者）と王（統治者）の二つの称号を使用したが、漢以後の君主は天子（受命者）と皇帝（統治者）の二つの称号を使い分けて、絶対権力者として天下に君臨したのである。

皇帝は、単に法の強制だけで民衆を統治したのではない。天命を受けた有徳の天子であればこそ人々の支持を獲得し、徳治と礼治を掲げることでその身分を保障した。皇帝が、種々の礼を制定して天子を演じ続けねばならなかったゆえんである。

皇帝と天子との本質的矛盾

だが、厳密にいえば、この操作によっても皇帝と天子との矛盾は、まだ完全に解決したわけではなかった。なぜなら、皇帝号と天子号との使い分けだけでは解消し得ない、本質的な矛盾が依然残っていたからである。天子としての天下統治と皇帝としての郡県統治との間の、本質的・原理的な矛盾の存在である。

天が有徳者に天命を下して天子に任命するのは、その有徳者が一切の個人的欲望を排して、公平で崇高な徳を備えた至徳者であるからに他ならない。つまり、為政者の最高の徳を表す「天下を公と為す（天下為公）」（『礼記』礼運篇）能力が、天子の条件だといってよい。

他方、皇帝として即位するのは、王朝の創業者・受命者の血統に繋がっているためで、知られるように皇帝の地位は世襲によって継承された。これは「天下を公と為す」とは真逆の「天下を家と為す（天下為家）」（『礼記』礼運篇）行為に他ならず、天下という私的な家を皇帝家が代々継承していくことを意味する。

天子が一切の「私」を排除して「公」の立場に立つのに対し、皇帝は世襲によってその地位を得るため、すでにその時点で天子と皇帝との間には明らかな矛盾がある。天下を私する皇帝の行為は、天子の条件である至公性に反しているからである。一言でいって、天子と皇帝とはその存在自体が原理的に異なっており、その限りで天子と皇帝とは最後までイコールになれるものではなかった。

この矛盾を思想的に解決したのもまた儒家であった。なぜなら皇帝制度は世襲によって成り立つわけだから、この世襲を正当化せねば国教である儒家思想としての役割を果たすことができない。では儒家はこの矛盾をいかにして解消したのか。

大同の世

先述したように、天子が存在する原理は「天下を公と為す（天下為公）」ことにあり、同じく皇帝は「天下を家と為す（天下為家）」ことでその地位を世襲する。この二つの原理はもともと次元を異にするもので、本来同時に出現することはない。それを具体的に記すのが、儒教の経典の一つである『礼記』である。『礼記』礼運篇では「天下を公と為す」時代を「大同の世」といい、「天下を家と為す」中でもっとも治まった時代を「小康の世」と呼んで、ともに聖王が実現した理想的な治世と見る。もちろん、理想世界の極みが大同の世であることはいうに及ばない。

大道（堯《ぎょう》・舜《しゅん》の道）の行わるるや、天下を公と為す。……独り其の親を親とせず、独り其の子を子とせず、老をして終わる所あり、壮をして用いる所あり、幼をして長ずる所あり、矜寡《かんか》（老いて妻や夫のない者）・孤独（幼くして親がなく、老いて子のない者）・廃疾の者（身障者）をして、皆な養う所あらしむ。

大同の世とは、一切の私が消滅して公が貫徹する世界。別の言葉で表現すると、「聖人はよく天下を以て一家と為し、中国を以て一人と為す」（『礼記』礼運篇）ところの「天下一家」の状態がそれに相当する。

天下一家とは儒教の究極の理念で、天下が一つの家族になったことをいう。儒教の論理は『大学』の「修身・斉家・治国・平天下」に示されるように、家族愛を順次拡大してそれを天下にまで広げていく。最終的に天下が一つの家族になると、一切の争いごとがなくなり天下は安定するにいたる。そこでは天子は父、民は子となり、あたかも家族秩序がそのまま天下秩序に拡大したかのような、理想的な世界が実現する。こうした国家のことを家族国家とも表現するが、天下一家というのはまさに家族国家の極致、ユートピアであったわけだ。

いずれにせよ、大同の世とはこの天下一家が実現した世の中であり、それは古代の聖王の堯や舜にして初めて実現できた世であった。

小康の世

だが、舜の次の禹が死に、息子の啓が王位を継いで夏王朝が創設されると、至公無私の大同の世は一変する。

今、大道既に隠れて、天下を家と為す。各々其の親を親とし、其の子を子とし、貨・力はおのれの為にす。大人《たいじん》(君主)は世及(世襲)を以て礼と為し、城郭・溝池(堀)を以て固しと為し、礼義を以て紀《のり》と為す……。

我が子、我が親だけを重んずる個別の私が容認される世界へと変化したのである。君主は各人の私心から生じる争いに備えて城郭や溝池を築き、人々の行動を礼・義によって秩序づけ、法によって規制しようとする。

天下一家の大同の世は去り、夏王朝以後は君主が天下を私家とみなし、王位は彼の子孫にのみ世襲されていく。そうした中で夏・殷・周の「三代の英(禹王・湯王《とうおう》・文王・武王・成王・周公)」だけは、礼につつしみ道義を明らかにし、人々に恒常の道を教えたため、天下一家の大同の世に準じた小康の世を現出したという。逆にいえば、夏以後の君主にとっては大同の世の実現は不可能であり、せいぜい小康の世の「三代の英」の御代の再現をめざすしかなくなったといえる。

たしかに大同の世は聖王の堯・舜ならいざ知らず、一般の君主では絶対に実現しない理想的な世の中であった。しかも堯・舜の御代ですら伝説的に語られるだけで、大同の世を実見した者は誰もいないし現実にも存在し得ない。

かたや、小康の世はある程度現実世界を踏まえているため、歴代の皇帝の中には三代の御代の再現を政治理念として掲げる者も少なくなかった。だが儒教の究極の理想はあくまでも大同の世であり、その実現をあきらめることは儒教そのものを否定するに等しい。儒教の強調する家族愛を順次拡大すれば、必然的に天下も一つの家族にならざるを得なかったからである。

繰り返せば、大同の世を実現しない限り天子と皇帝との一体化は完成しない。両者の一体化は儒教が体制教学となったときに、儒者に突きつけられた大きな課題であった。それは天子号と皇帝号の使い分けといった小手先だけの操作ではなく、論理面での整合化も求めるものであった。誰もが納得できる論理が必要だったのである。

そのため儒者は一体化の論理を必死に模索し、やがて天下一家を換骨奪胎することで、その目的をひとまず達成する。これ以後、歴代の皇帝は天下一家の本来の意味はおき、新王朝の成立を天下一家に見立てて王朝支配の正当化を図ることになる。

天下一家の読み替え

じつは、そうした読み替えは、儒教が国教化される以前の漢初からあり、高祖十一年(前一九六)二月に劉邦は次のような詔を下している。

いま吾、天の霊・賢士大夫を以て、天下を定め有して以て一家と為し、その長久世々に宗廟を奉じて絶えることなからしめんと欲するなり。(『漢書』高帝紀下)

ここにいう「天下を定め有して以て一家と為す」とは、「天下を平定して領有し、一家とした」ということである。高祖劉邦によって天下が統一され、漢という国家が創設されたことを意味する。それはまた、劉邦が天下を自分の私家(劉氏の家)とみなし、天下統一を一家の完成、すなわち皇帝家の完成ととらえていることを物語る。それゆえ私家である天下を永久に子孫に伝え、宗廟祭祀を代々行わせることの決意表明がなされているのである。

漢の高祖劉邦

元来、劉邦に限らず大方の君主は天下を私財と見がちだが、先の劉邦の発言には微妙な言い回しがあるので注意されたい。「天下を定め有して以て一家と為す」というように、わざわざ「一家」という言葉を使用しているからである。天下を自分の財産とみなす「天下を家と為す」ではなく、「天下を一家と為す」というのは、天下一家を念頭に置いてのことに違いない。つまり、劉邦は天下統一＝王朝の創設のことを天下一家という概念で表現し、自己の天下統治を正当化しているのである。

あらためて指摘するまでもなく、劉邦のいう天下一家はあの大同の世の天下一家と当然同じではない。一家は一家でも皇帝一家のことで、天下(この場合は狭義の天下)が統一されて皇帝の家になったことをそう表現しているにすぎない。

天下を皇帝の家と解釈すれば、私心の生じた小康の世においても、天下一家の実現が可能となる。王朝の成立自体が天下一家であるからで、皇帝は公然と天下一家を表明して天の保障を獲得する。ここに、天子の天下統治と皇帝の郡県支配は完全に重なり合って、いわゆる天子と皇帝との一体化が完成する。

本来、天下一家は「天下を公と為す」と同様、道徳的な意味合いを持つ観念なのだが、天下統一という政治性を帯びた観念に読み替えることで、「天下を家と為す」と同次元の事象としてとらえ直された。

天下一家を実現した皇帝は、天子として行う祭天儀礼を通じて天下一家を天に報告し、皇帝として先帝の宗廟を祀ることで自己の地位の正統性を得た。公的な天子としての祭天儀礼と、私的な皇帝としての宗廟祭祀。両者の本質的な矛盾は、天下一家を読み替えることで解消されたわけだ。それを体系化し意味付けたのが漢代の儒家である。この天下一家観と祭天・宗廟の二つの儀礼は、そのまま後世の王朝にも継承されていく。

さまざまな天下一家観

ただし、ここで付言すれば、天下一家という用語の使用が、漢代以後は政治的な天下統一だけに限定されたのかといえば、決してそうではないことだ。天下を一つの家族とみなす本来の天下一家観も、依然消滅してはいない。「天下は一つの家族、皇帝は民の父、民は皇帝の赤子」という観念は、ことあるごとに強調された。だからこそ、皇帝は民を赤子のようにいたわり慈しむべきだというのがその趣旨なのだが、これは本来の天下一家観であり、家族国家観の典型である。

その一方で、新税の導入や増税に反対する官僚が皇帝に向かい、すでに天下は陛下の天下なのに、民と財を争ってどうするのかと諫言を呈することもある。民の生活を重視する点では「天下を公と為す」天子の姿勢に通じる部分もあるが、天下を皇帝の私家と見ている点では明らかに本来の天下一家観ではない。いわば皇帝の私的な天下の中に、天子の公的な天下が組み込まれているわけで、天下一家という観念がその時々の状況に応じて、臨機応変に使い分けられていたことが理解できよう。

天下一家という用語がさまざまな局面で意味を持つのは、それが儒教の究極の理念であり、天朝にとってのあるべき世界であるからだ。その内容と実質はおき、天下一家という用語はやがて人々の意識下で一つの価値世界となり、本来の意味とは別に用語自体が独り歩きを始めだす。

種々の読み替えや工夫ができたのもそのためで、皇帝支配の正当化を図ることもあれば、批判を目的とすることもあった。それだけこの用語の持つ概念が多様で、利用価値があったということである。それゆえ、天下一家は天朝を支える基本的な概念として、その後、明清王朝にいたるまで重要な役割を果たすことになる。

広義の天下一家観

天下一家の政治的意味合いは天下の統一、すなわち狭義の天下＝王朝の実効的支配領域（九州）が統一されたということであった。だが、もともと天下一家とは天子の徳によって天下に対立がなくなり、天下が一つの家族のようになった状態を指す。そうであれば、当然のことながら狭義の天下だけでなく、華＋夷の広義の天下にも天下一家の状況が生まれるはずである。

聖人はよく天下を以て一家と為し、中国を以て一人と為す。（『礼記』礼運篇）

「中国が一人の人間ならば天下は一つの家」だというこの論法には、天下は中国だけでなく、それ以外の人間も存在することが想定されている。中国と中国以外とは華と夷の関係に他ならず、要するに聖人の治世では華＋夷の天下が一家となる、つまり広義の天下一家も予測されているのである。

言い換えれば、中華帝国の皇帝にとり、王朝の創設を天下（狭義の天下）一家に読み替えるだけでなく、夷狄を含む広義の天下に一家を現出することも、自分の地位の正当化のためには重要な条件であったということだ。その例を一つ挙げてみよう。

『隋書』西突厥《とっくつ》伝に、煬帝《ようだい》の突厥可汗《カガン》（君主の称号）に対する言葉として、次のようにある。

以前は突厥が侵略したため安心して生活することができなかったが、今は四海（天下）が粛清されて一家と異なるところが無い。そこで朕はみなの者をいたわり養って生活を遂げさせてやろうと思う。

突厥の内紛を平定して、隋の支配下に置いた煬帝は、その状態を広義の天下が安定したと見立てて、「四海一家（天下一家）」と異ならないと豪語しているのである。強大な突厥を破った隋の偉大さを自負した言葉ではあるが、隋が突厥を併合して華と夷の広義の天下を、実質的に領有したわけではもちろんない。天下一家という言葉を通して、煬帝の威徳が夷狄にまで及んだことを演出し、隋の天下統治の正当化を図っているわけだ。この事実はまた、天下一家がすでに一つの価値世界として人々の意識下に定着し、広義の天下一家も王朝支配の根拠とされていたことを裏付けるものであろう。

天下一家という成語はさまざまな局面で発せられ、為政者に都合のよい文脈でたくみに利用された。天下一家は天命を受けた天子にして初めてなし得ることで、その限りで天子と一体化した皇帝がこの言葉をさかんに口にしたのも当然である。歴代の王朝は天朝であることによって正統性を得たが、中華王朝が天朝となる上で、天下一家の形象がいかに重要な意味を持っていたかが分かるだろう。

第三章　北の天下、南の天下——漢・魏晋南北朝①

華夷の別の三類型

前章で見たように、天下一家は観念的には広狭二つの天下で実現し得るものであった。このうち広義の天下一家とは華と夷が一家になることを指し、具体的には夷が華に屈服したり、盟約を結んだり朝貢したりすることをそう表現した。本来の天下一家が現実には期待できない以上、中華王朝優位で華夷の間に国際秩序が成立した時点で、中華王朝は天下一家を宣言したのである。狭義の天下と同様、ここでもまた天下一家の読み替えが行われたといえる。

では、そもそも中華王朝は、天下の中で華と夷をどのように位置づけていたのか。中国人にとって華夷秩序とはいったい何なのか。天下を考察する上でもっとも根本的な問題が、あらためて問われねばならない。ここで今一度、天下の内実に分け入って、華と夷の関係について考えてみよう。

古代の中国人の中に生まれた中華(中夏・華)という観念は、常に夷狄(夷)と対比されることで発展してきた。この華と夷の区別(儒家の言に従い「華夷の別」と呼ぶ)は、中華王朝の対外政策の一貫した枠組みであり、歴代王朝は華と夷の違いをめぐって種々の解釈を行ってきた。その場合、一般に華と夷の区別は次の二つの観点からなされ、華の優位性がたえず強調されたことについては第一章で指摘した。二つの観点とは次の通り。

① 民族の違い(漢族か否か)。
② 地域の違い(中心か外縁か)。

ここに新たに第三の観点を加えたい。

③ 文化の違い(礼・義の有無)。

もともと華夷の別は①が基本であり、当初は文化・習俗や言語の違いが両者を分かつ指標であった。春秋時代の周を中心とした中原諸国は、自分たちのことを「華夏族(華)」だと意識して、南方の呉、越、楚や西方の秦を夷とみなしたことは、すでに述べた。『春秋左氏伝』成公四年（前五八七）の条には、魯の成公の有名な言葉が記されている。

我が族類に非ざれば、其の心必ず異ならん。楚は大なりと雖《いえど》も、吾が族に非ざるなり。

ただし、もともと中原地帯に限定されていた華の範囲が拡大し、先の呉・越・楚・秦なども華夏族（華）に加わると、華夏族とその周辺にいる異民族との民族の違いが、華と夷を区別する基準となる。

子曰く、夷狄の君あるは、諸夏の亡きに如かざるなり。（『論語』八佾）

ここでの夷狄は諸夏とは異なる異民族を指している。つまり、華と夷の違いが諸夏＝華＝華夏族＝（後の）漢人と、周辺諸民族との民族的相違としてとらえられていることが理解できる。

また、①の民族の違いは、同時に②の地域の違いとほぼ対応する形となっている。かつて呉・越・楚などの夷は中原の諸夏の辺境に位置していたし、中華の範囲が全土に広がっても、その周縁には決まって異民族の夷が存在した。

『春秋』に、其の国を内にして諸夏を外にし、諸夏を内にして夷狄を外にす、とあり。王者は天下を一にせんと欲するものなり。（『春秋公羊伝』成公十五年の条）

華とは常に天下の中心に位置し、夷はその周縁に存在するものと観念されていた。

中国に進めば之を中国とす

この①②に対し③の文化の違いは、民族的には漢ではなくても、中華文化、いわゆる「礼・義」を体得すれば華になれるとする見方である。華の立場からいえば、中華の天子の徳化で夷を華に変えることであり、それはまた天子の統治する天下が周縁に向かって拡大することでもあった。早い話が、中華帝国の勢力が強大で対外的に領土が拡大したとき、それは中華の天子の徳化で夷狄の地が華になったのだと解釈されたのである。ここに中華思想の膨張主義的な性格を垣間みることもできよう。

これは、夷狄の側からすれば別の見方も可能となる。礼・義を身につければ華になれるということは、民族的には夷狄であっても華に入れば、自ら華になって天下を統治できるということでもある。時代は下るが、唐宋八大家の一人である韓愈《かんゆ》（七六八～八二四）の『原道』の中に、次のような有名な言葉がある。

孔子の『春秋』を作るや、諸侯、夷の礼を用いれば則ち之を夷とし、〔夷が〕中国に進めば則ち之を中国とす。

夷であっても中国に入って礼・義を身につければ、中国になれるとする考えである。この韓愈の言葉に、排他的かつ民族的な差別感を認めることはできない。

いずれにせよ、華夷の別は①民族、②地域、③文化の違いとして一般には認識されていた。①と②は民族・地域などの実体に即して形成された実体概念であり、③は礼・義の有無で華夷が定まる機能概念と言い換えてもよい。漢族が中華を統治しているときには、この三つの基準になんの齟齬も起こらないが、周縁の異民族が中心に入って中華を統治すると、当然この基準通りにはいかなくなる。いきおい、③の礼・義の有無を強調して、漢地支配を正当化せざるを得なかった。

とはいえ、いくら礼・義の有無で正当化を図ったとしても、漢族の夷に対する民族的な蔑視観を、完全に払拭することはなかなか難しい。なぜなら、機能概念はしょせん為政者による意味づけの概念であり、実体概念を超えるものではないからだ。民族問題は夷が華を統治する限り、常に最大の懸案事項であり続けた。けっきょく、支配民族である夷は漢族の賤視を浴びながら、華での独自の地歩を築かねばならなかった。

そんな現実に真っ先に直面したのが、四世紀以来華北につぎつぎと政権を樹立したいわゆる五胡である。五胡が漢族の冷たい目にさらされながら、やがて華北を統一して南北朝時代の北朝を生み出すと、その中から隋唐王朝が厳然と立ち現れてくる。この間、胡族の中華支配はしだいに漢族にも受容され、いつしか胡漢融合の局面が常態化していった。そのありようはどのようなものであったのか。胡族はいかなる方法で華夷の別を止揚させたのか。世界帝国とも称される隋唐の前史を、華夷の関係から概観してみたい。

胡漢雑居の中国

華の天下を初めて統治した夷は五胡であった。五胡とは、匈奴・羯《けつ》・鮮卑・氐《てい》・羌《きょう》の五つの非漢民族をいう。匈奴は戦国末以来、北アジアで勢威を振るった遊牧民であるが、民族の種別はいまだ明らかにされていない。これは匈奴の一種といわれる羯も同様である。また、鮮卑は古代の東胡の末裔だとされ、チュルク系だとかモンゴル系だとかいわれるが詳しいことはよく分からない。ただ、氐・羌がチベット系の民族だということは、ほぼ定説となっている。

もともと彼らは漢代以前には、北アジアや中国の西・北方で遊牧や狩猟あるいは農耕を行い、独自の生活様式を築きあげていた。だが、漢との戦争を通じて強制的に華北の地に移住させられたり、自発的に移住したりしたことで、漸次、中国国内に定住する者が増加してくる。

彼らの内地移住は三国時代を経て晋の統一(二八〇年)以後も変わらず、やがて関中(長安周辺一帯)の人口百余万のうち「戎と狄は半ばに居りたり」(『晋書』江統伝)といわれるまでになり、漢族との間にさまざまな摩擦を生じだす。それを危惧して山陰県令(県知事)の江統が、異民族を原住地に戻そうと「徙戎論《しじゅうろん》」を著したのは二九九年のことである。しかし、江統のプランは実現を見ず、彼らの移住はその後も一向に止むことはなかった。

三世紀末に皇位をめぐる宗室間の争い「八王の乱」が勃発すると、諸王が異民族を軍事力として利用したことから、国内に定着していた異民族が一気に活気づくことになった。晋の衰えを見た彼らはこれを好機ととらえ、独自に政権を樹立し始めたのである。三〇四年十月には、氐の一派である巴賨《はそう》族の李雄が四川の成都で成漢国を創設し、匈奴の劉淵(二五一?〜三一〇)も山西の離石で大単于《ぜんう》を名乗ると、ほどなく漢(のちの前趙)を建国した。

やがて三一一年には、劉淵の息子の劉聡が晋の都の洛陽を攻略し、懐帝を捕らえて住民三万人以上を殺戮した。当時の年号をとって「永嘉の乱」といわれるこの事件により、晋は実質的に滅亡した。

逃亡先の長安で即位した愍《びん》帝が、三一七年十二月に前趙軍に捕殺され晋が滅ぶと、当時、江南の建康(現在の南京)にいた琅邪《ろうや》王《おう》司《し》馬《ば》睿《えい》が当地で即位し、晋を再興した。これが晋の元帝である。再興後の晋を、統一時代の晋(西晋)と区別して東晋と呼ぶ。東晋はその後、四二〇年に宋に交替するまで、百年ほど江南地域を支配する。また宋以後、斉、梁、陳と漢族王朝が続いたため、伝統的な中華文化は江南で継承された。

一方、華北には異民族である五胡の政権がつぎつぎと誕生した。その数は全部で二十余りあるが、北魏末の歴史書『十六国春秋』にちなんで、一般にはこの時代のことを五胡十六国時代という(十六国には漢族の建てた前涼、西涼、北燕を含む)。五胡はのちに鮮卑族拓跋《たくばつ》部の北魏が四三九年に華北を統一するまで、百四十年近くにわたって中国の北半分の地で覇を競い合った。それまで華北地域で漢族と雑居し、その風下に置かれてきた胡族は、今や境遇を逆転させて漢族を支配する立場に立ったのである。

我が族類に非ざれば、其の心必ず異ならん

ここで注目したいのは、五胡十六国時代の華北における華と夷の関係である。有史以来、初めて夷狄が中華を支配した当地にあって、漢族と胡族は双方をどのように認識していたのか。両者の華夷観念のありようは、いったい、どのようなものであったのか。

先に華夷の別の三つの類型に関して説明した。まず①の民族についていえば、漢族は伝統的に自己を華とみなして夷狄を蔑視したが、この観念は五胡の支配する華北の漢族も同様であっ

た。

先の江統の徙戎論にもあるように、漢族は五胡のことを、「我が族類に非ざれば、其の心必ず異ならん。戎狄の志態、華と同じからず」と考え、「胡種」「戎裔」などの差別的な語を用いて彼らを侮蔑した。西晋滅亡後、華北の漢族にとっては衰えたりといえども江南の東晋が正統王朝であり、中華文化を共有した漢族としての矜持と優越感が彼らの心の支えであった。かつて西晋末に漢族の武将劉琨《りゅうこん》が羯族の石勒《せきろく》（後趙の創設者）に援軍を要請した際、

戎人（夷狄）であって帝王となった者はおりませぬが、功業を立てて名臣と呼ばれた者はございます。（『晋書』石勒載記上）

と述べ、帝王たる者は必ず漢族でなければならないと強調したのは、当時の漢族全体の心情を語ってあまりある。

かたや五胡が自己の正当化の論理に援用したのは③の文化の違いであり、礼・義の有無が華と夷を分ける大きな指標であった。五胡十六国時代の幕開けとなる漢を創設した匈奴の劉淵は、次のような言葉を残している。

帝王というものは定まったものではない。禹は西戎に出自し、文王は東夷に生まれている。要は徳の問題である。（『晋書』劉元海載記）

帝王の地位は徳の有無によって決定される。だからこそ古代の聖王である禹や文王も、夷狄でありながら中華の君主になれたではないか。この言葉の裏に、日頃から漢族に見下されている胡族の反発と気概を読み取ることは、それほど難しいことではないだろう。

黄帝の末裔たち

とはいえ、こうした気概の持ちようだけで、民族的な差別が解消されようはずもなかった。何世代にもわたって中国国内で生活し、中華文化の薫陶を受けてきた胡族自身が、漢族と同様の華夷観念を持ったとしても何ら不思議ではない。彼らは自分たちを夷だと自覚し、華よりも一段劣った存在だとみなして、民族的な劣等感を抱き続けたのもまた事実であった。

先に挙げた羯族の石勒は、西晋の遺臣で皇帝への野心を持つ王浚《おうしゅん》の協力要請を拒んだ際、王浚に対して次のように答えている。

わたくし石勒めは、もともと小胡にして、戎裔の出でございます。……つらつら考えますに、明公殿下(王浚)は郷里の輿望を担い、四海(天下)の中心となるお家柄であります。帝王たる者、公でなくしていったい誰がなれましょう。(『晋書』石勒載記上)

石勒はのちに王浚を殺して自立化の道を歩みだすが、当初は王浚を天子として持ち上げ、自分を「小胡」「戎裔」と称して卑下しているのである。こうした自卑の態度が石勒の軍事的優位と自信の裏返しだとしても、文化的に勝る漢族へのある種の引け目を、そこに認めないわけにはいくまい。

それかあらぬか、五胡の指導者の中には、自らを漢族の末裔だと主張する者も少なくない。気概のある言葉を発した先の劉淵も、その一人である。彼は劉姓を名乗って漢という国を建てたが、それはかつて匈奴の冒頓単于《ぼくとつぜんう》(在位：前二〇九〜前一七四)に漢の高祖劉邦が公主(皇帝の娘)を降嫁させ、その公主の産んだ子の末裔が自分だからだという。

また、鮮卑族前燕の創始者慕容皝《ぼようこう》(在位：三三七〜三四八)や氐族前秦の祖である苻洪(二八五〜三五〇)は、黄帝軒轅《けんえん》氏の末裔を自称している。黄帝とは五帝の最初の帝で、華夏族の祖先だとされる伝説上の帝王である。彼らは黄帝の血統に繋がることを主張することで、胡族である自身を漢族と一体化させたのである。軍事的・政治的には漢族を圧倒する胡族が、文化的には優位に立てない複雑な心境を端的に物語るものといえよう。

苻堅の華夷観念

こんな中で、自ら四方に向かって中華を公言した胡族のリーダーがいる。他でもない、氐族前秦の第三代君主、五胡十六国中、随一の名君といわれる大秦天王苻堅《ふけん》(在位：三五七〜三八五)である。

彼が名君といわれるゆえんは、華北の混乱を収めて内政に意を注ぎ、一時的な小康期を現出した点にある。幼少時より中華の文化になじんだ苻堅は、学校の建設をはじめ数々の文化振興策を実施し、中華文化の普及につとめた。その熱意はひと月に三度太学(国立大学)を視察に訪れるほどで、公卿の子弟に儒学を学ばせるのはもちろん、氐族の武将にまでも学習させたという。このほか古代の聖王の政務の場である明堂を興したり、中華王朝に伝統的な南郊での祭天儀礼も復活させている。

こうした苻堅の施策は、おのれを中華の君主とみなす独特の華夷観念に基づいていた。彼は西域に征討軍を派遣するに当たり、次のように述べている。

西戎の風俗は荒々しく、礼・義の国などではない。やつらを手なずける道は、服従させた後に赦免し、中国の権威を示して王化の法をもって導くことである。(『晋書』苻堅載記下)

漢族からすれば西戎である氐族の苻堅が、さらに西方のシルクロードの民を西戎と呼んで蔑んでいるのである。彼の華夷意識のありようが知られよう。

六合一家

ただし、彼の華夷意識はたんなる差別意識だけでは終わらなかった。それは彼が国内の胡漢を分け隔てなくあつかったことからもうかがえる。それを象徴的に示すのが、漢人士族である宰相王猛の重用である。王猛は「朝政これ(王猛)に由らざるなし」(『晋書』苻堅載記上)といわれるように、前秦の内政全般を担当した人物で、苻堅の王猛に対する信頼には、絶対的なものがあった。

王　猛

また苻堅は自民族である氐族を新領土となった地方に移住させ、代わって長安を中心とする畿内には服属した鮮卑や羌、羯などの諸民族を住まわせて優遇した。氐族偏重の政策を取らずに民族融和策を推進したわけで、心配した弟の苻融が諫言を呈しても聴く耳を持たなかった。苻堅の考えは、このとき苻融に語った次の言葉に端的に示されている。

朕はまさに六合《りくごう》(天下)を統一して一家となし、夷狄をみること赤子のごとくしようと思う。汝はあれこれ考えて余計な心配をしなくともよい。そもそも徳を修めさえすれば災いを除くことができるものなのだ。いやしくも自己の内に徳を求めたならば、どうして外患を懼《おそ》れることがあろう。(『資治通鑑』巻百三)

中華文化を体得し、中華の君主を自認する苻堅にとり、天下一家(六合一家)の実現は究極の目標であった。純正な中華の民である漢族ではなく、氐族という夷狄出身の苻堅であればこそ、その思いはいっそう強かったに違いない。彼はそれを民族融和の中に見出した。自分の赤子のように諸民族をいたわり、天下一家の状況を実現してこそ真の中華の君主たり得る。確信にも似た苻堅のこの思いが、伝統的な儒家思想に由来することは、あらためていうまでもない。

苻堅の夢見た天下

三七〇年十一月、苻堅は当面のライバルであった鮮卑族慕容部の前燕を滅ぼし、中原東部から遼東(現在の東北地方)にいたる地域を獲得した。さらに三七六年八月には甘粛・寧化方面にあった漢族の前涼を滅ぼし、同年十一月には内蒙古方面の鮮卑族拓跋部の代国を滅亡させて、この年までに華北の統一をほぼ達成する。その勢威は周辺諸国にまで及んで、高句麗や新羅は朝貢使節を派遣してきたほどである。

こうなると、残る敵は漢族の正統王朝である江南の東晋しかない。東晋の征服は、長年の夢を実現するための最後の大事業であった。だが、東晋を攻撃することには、国内にも多くの反対論があった。誰よりも強く反対したのが、苻堅のもっとも信頼する宰相の王猛である。すでにこれ以前、三七五年に王猛は死亡していたが、彼は死の直前に次のような遺言を苻堅に残していた。

東晋は呉越の辺鄙な地にありますが、中華王朝の正統性を継承しております。隣国と友好を保つことは、国家の重要事であります。臣が没した後も、どうか東晋を攻撃なさいませぬよう。鮮卑や羌はわれわれの仇ですので、最後は災いをもたらしましょう。彼らを取り除いてこそ、社稷《しゃしょく》(国家)の安寧は得られるというものです。(『晋書』苻堅載記下、附王猛伝)

この言葉から、王猛ですら東晋を正統王朝とみなしていたことが見て取れよう。彼は中華王朝としての正統性と国内の民族問題から、東晋と戦っては不利だと考えていた。かたや民族融和に絶対的な自信を持つ苻堅にすれば、天下一家を江南に拡大せずして自己の事業が完成することはない。現在の称号である大秦(前秦)の天王から真の天子(皇帝)になるためにも、東晋を滅ぼし南北の天下を統一する必要があった。

三八三年八月、反対論が渦巻く中、苻堅は公称百万といわれる兵士を率いて、東晋の都建康をめざして長安を出発する。同年十月、寿春(安徽省寿県)の東南、淝水《ひすい》の西岸に到着した苻堅は、河を挟んで七万の東晋軍と対峙した。

しかし、東晋軍をおびき出して不意を突こうと、いったん河岸から後退したのが裏目に出た。胡漢の混成部隊である前秦軍は、意思の疎通もままならぬ状態であったため、東晋軍の猛攻撃を受けて総崩れになってしまった。苻堅も負傷し、全軍の七、八割が死傷するという信じられないほどの大惨敗であった。史上名高い淝水の戦いは、東晋側の大勝利に終わった。

すんでのところを救出され、ようやく長安に戻った苻堅だが、その後はかつての勢いを失い、最後は羌族の姚萇《ようちょう》(後秦の創設者)に殺されて非業の最期を遂げる。中華にあこがれ、中華に恋い焦がれ、はては中華を統合して天朝の天子になろうとした苻堅。風雲児苻堅の天下統一への夢は、雄図半ばでむなしく潰え去ったのである。

北魏の華北統一

混乱した華北がようやく統一されるのは、苻堅の死から五十余年後の四三九年のことである。鮮卑族拓跋部の建てた北魏の第三代皇帝太武帝拓跋燾《たくばつとう》(在位：四二三〜四五二)によって、それは成し遂げられた。当時、江南には東晋から代わった宋があり、ここに北と南で胡漢の政権が互いに正統を主張しあう南北朝時代が到来することになる。

もともと北魏を創建したのは、太武帝の祖父の魏王拓跋珪《たくばつけい》(在位：三八六〜四〇九)であった。彼は三九八年に平城(山西省大同)を都として皇帝(道武帝)に即位すると、部族連合国家であった北魏の大改革に乗り出した。まず行ったのは諸部族を解散して各部族長から実権を奪い、彼らを官僚機構の中に組み込んだことだ。さらに部族長傘下の部族民も首都圏に配置し、皇帝直属の兵士にしてしまった。この措置により皇帝の権限は格段に強化され、のちの北魏王朝発展の基礎が築かれることになった。

国内の漢族に向けて、北魏王朝の正当化が始まるのもこの頃である。即位の翌年の三九九年正月、道武帝は中華王朝にならって平城の南郊で天の祀りを挙行した。このとき拓跋氏が黄帝の子孫であることも表明され、黄帝の徳にちなむ土徳が北魏王朝の行次(木火土金水の五行の順位)とされた。さらに北魏皇帝である自分を北帝と呼んで、東晋の皇帝である南帝に対抗した。

中華王朝創建への意欲を鮮明にし、東晋と正統性を争う気概を示したといえる。

だが、こうした意気込みが、そのまま治下の漢族に受け入れられたかといえば、はなはだ疑わしい。はっきり言って、漢族は相変わらず胡族を賤視していたし、胡族にしみついた漢族へのコンプレックスも、一朝一夕ではぬぐい切れなかった。それは華北を統一した第三代太武帝の時代になっても、さほど変わることはなかった。

国史の獄

胡漢双方のこんな複雑な心情が、政治事件となって爆発したのが、四五〇年に起こった国史の獄である。

国史の獄とは、漢族の名族出身の宰相崔浩《さいこう》が主宰した国史編纂事業に端を発する事件である。北魏の歴史を記録するために、太武帝は国史の編纂を崔浩に命じたが、完成した国史の中に胡族を蔑視する記述があったらしい。それを石に刻んで都大路に立てたことが、太武帝の逆鱗に触れた。崔浩は処刑され、その同族や姻戚および編纂に関係した漢族の名族が多数誅殺された。漢人官僚が政界に進出し、順調に進んでいたかに見えた胡漢の融合だが、漢族にすれば一気に奈落の底に突き落とされた大事件であった。

北魏の誕生から半世紀以上も経て起こったこの事件は、胡漢融合が道半ばであることを図らずも露呈した。華北は統一されても胡漢の間にはいまだ根強い不信感があり、ふとした弾みで両者が衝突する危険性は常に存在した。

それゆえ、北魏が中華王朝となるためには、いかにして胡漢融合を達成するかが大きな課題とならざるを得ない。胡族政権の宿命とはいえ、国内の安定を得るには、なにはともあれ胡漢融合の実質を作り上げる必要があった。それはまた漢族の不信感を払拭して、彼らの信頼をどのようにして獲得するか、胡族のコンプレックスをいかに解消するか、に係っていたといってもよい。

そんな重責を担って登場してくるのが、名君の誉れ高い第六代皇帝孝文帝拓跋宏《たくばつこう》(在位：四七一～四九九)である。わずか五歳で即位した彼だが、やがて親政を開始すると、一つの政策に着手する。これが北魏の中華王朝への移行を一気に加速させることになった。史上名高い孝文帝の華化政策である。

孝文帝の華化政策

孝文帝の中華文化への傾斜の理由として、彼の祖母である文明太后馮《ふう》氏の存在を忘れてはならない。彼女は孝文帝が親政を始めるまで後見人として朝政をにぎり、帝に多大な影響を与え続けた。じつは彼女は漢族の出身であり、なんと孝文帝の実母だという有力な説もある。その真偽は措き、太后の薫陶を受けて中華文化の中で育った孝文帝が、親政開始と同時に中華王朝の創建をめざして、華化政策を始めても何ら不思議ではない。

四九〇年に親政を始めると、彼が最初に取り組んだのは中華王朝としての名分を正すことであった。それは北魏王朝を五徳の循環論(五行の循環により王朝が交替するという説)で、あらためて正当化し直した点に明瞭に示されている。孝文帝は四九二年に北魏王朝の五行(木火土金水)の行次を、従来の土徳から水徳に変更した。そこには五胡諸国の存在を一切認めず、金徳の晋を直接継承するのは水徳の北魏だとする強烈な正統意識が込められていた。

翌四九三年には、洛陽への遷都が断行された。国初以来の首都である平城は、胡漢融合の中華の都としてはあまりにも北に偏っている。対する洛陽は近くは後漢・三国魏の首都であり、かつての周の都、伝統的な中華の中心に位置していた。北魏が真の中華王朝となるためには、ぜひとも中原に都を置く必要があり、それには洛陽こそがまさに相応しい。多くの反対勢力を抑えてまで洛陽遷都を敢行したことは、帝の中華王朝建設への並々ならぬ意欲を内外に示すものであった。

以上の施策とは別に、国内では鮮卑族の中国化と中華王朝としての制度面での整備が抜かりなく進められた。

前者については、胡服・胡語の禁止や胡姓の漢姓への変更などがあり、これらは鮮卑族を漢族と同等の立場に置くための必要最小限の措置であった。孝文帝自身も帝室の姓である拓跋を、一字姓である漢姓の「元」に変えたが、それはまた鮮卑族としてのアイデンティティをすすんで放棄することに他ならなかった。鮮卑族の中国化とは、まさに鮮卑族固有の風俗・習慣を喪失する過程でもあったのだ。

制度面では、国家祭祀、宗廟制度、封爵制度などが改変され、新たに鮮卑貴族の創出が図られた。当時の南朝は貴族制社会であり、家格（門閥）に基づく強固な身分秩序が政治原理となっていた。その南朝の貴族制をモデルに、北魏国内には胡漢融合の独自の貴族制が案出された。開国の元勲である胡族八姓を漢族の名家四姓と同じ家格とし、このほか有力な家を「姓」と「族」に分けて（姓族分定）、北朝の貴族身分は作り出された。また胡漢の間では家格に見合った通婚が奨励され、孝文帝みずから率先してそれを実践した。

孝文帝の統治方針は、鮮卑族を徹底的に中国化することで、華夷の別を止揚させた門閥貴族制社会を作り上げることであった。すでにこの頃には鮮卑族の多くも漢語を解し、以前に比べれば華化政策を受け入れやすい状況にはあった。それゆえ、孝文帝はその状況をいっそう推し進め、鮮卑族を中華文化の中に溶解させようとしたものと思われる。孝文帝にとってはこれこそ胡漢融合の極致であり、中華王朝確立に向けた大きな挑戦でもあったはずである。

華化と漢化のはざま

ここで注意すべきは、孝文帝は鮮卑族を漢族に同化させようとしたわけではないことだ。知られるように、孝文帝の一連の政策は一般には「漢化政策」と呼ばれる。概説書のたぐいは、大概この言葉を用いて孝文帝の政策を評価する。なるほど、たしかにそれは間違いではないが、見方によっては誤解を生じかねない。なぜなら、孝文帝がめざしたのは鮮卑族の中国化(中華化)であって、漢族化では決してないからだ。

中華の天子を自認する孝文帝にとり、中華文化こそ自己のアイデンティティの帰趨であり、絶対的な価値基準であった。それを体現しているのが漢族である以上、鮮卑族の中国化には当面漢族社会をモデルにするしかない。ただし、孝文帝が鮮卑族に求めたのは漢族に範をとる中華文化の体得であり、漢族と同化することではなかった。漢化は華化のための手段であって、最終的な目的ではない。その限りで、孝文帝の諸政策は漢化政策というよりは、華化政策と呼ぶのがじつは正しい。

元来、孝文帝は自分を華だと考えており、周辺諸国・諸民族はなべて夷だと見下していた。孝文帝が羌族の宕昌王《とうしょうおう》を引見したとき、王としての風格のなさと礼節に欠けるさまを見て、左右の者に次のように語ったという。

夷狄の君あるは、諸夏の亡きに如かざるなりとはよくいったものだ。宕昌王は辺地の君主ということだが、中国の一官吏にすら及ばぬ。（『魏書』宕昌伝）

鮮卑族孝文帝の夷狄に対する強烈な差別意識を認めることができよう。

あえて想像をたくましくすれば、孝文帝の異常なまでの中華への憧れは、やはり漢族への民族的コンプレックスの裏返しではなかったか。死んでも漢族にはなれないという厳然たる事実が、純粋に華の追求へと向かわせることになり、逆に自己を華とする強烈な優越感が、漢族以外の異民族に対する蔑視観としてあらわれたと思われる。ともかく自民族を華化するためには、華化を達成している漢族を手本とするしかない。まさに華化と漢化とのはざまで苦悩したのが孝文帝その人であった。

中華と南夏

すでにこれ以前、江南に宋が成立して南北朝時代が始まった頃、漢族王朝の宋は北魏を「索虜」と呼んで完全に夷狄視した。索虜とは、縄（索）のように編んだ辮髪《べんぱつ》をした夷狄を意味する。一方、自分たちこそ中華だと自負する鮮卑族北魏の正統意識は、もう一つの中華である宋を、

「島夷」と表現するような屈折した心情を生み出した。島夷とは、海に近く土地の低い江南地域の住民を蔑んだ言葉である。

だが現実問題として、伝統的な中華文化を継承しているのは島夷の南朝であり、孝文帝は南朝のことを南の中華(中夏)、すなわち「南夏」と称してひとまず同格にあつかっている。北魏と対等に渡り合う南朝の存在を、無視するわけにはいかなかったということだろう。まして南朝は永遠のライバルと目す漢族王朝でもある。もっとも、彼の発言は北魏こそ中原を統治する真正の中華であり、しょせん南朝は辺境にある南夏にすぎないという優越感と自信の表れでもあったが。

こうした強い正統意識は、自国を天朝とみなす中華王朝の伝統的な天下観とも無縁ではない。北魏は華北統一の頃から天朝を名乗りだすが、それは華北の地を天下と見る北魏ならではの天下観に基づいていた。早くは太武帝時代の公卿たちが、「四海みな泰んじ、天下一家なり」(『魏書』吐谷渾《とよくこん》伝)との褒辞《ほうじ》を吐いており、天下一家の観念が北魏社会でも王朝正当化の文脈で通行していたことを物語る。もちろん、ここでの天下が北魏の支配する華北を中心とした、限定された天下であることはいうまでもない。

実際、南朝は南朝で天朝を称し、江南を中心としたこれまた独自の天下観を生み出していた。つまり、北と南に二つの天朝が相対峙し、二つの天下が並立していたのが南北朝時代の特徴であった。『春秋公羊伝』の「大一統（一統を大《とうと》ぶ）」の思想にもあるように、分裂から統一に向かうのは、始皇帝の天下統一以来、中華世界の常である。北朝、南朝いずれかの国力が充実したとき、南北を統一して天朝大国の創建がめざされるのも当然であったろう。まさにその機が熟したのが、五世紀末の孝文帝の時代であった。

南伐の行方

孝文帝の二十九年間の治世中、国家の総力をあげた南朝への南伐が三度行われた。なかでも、在位二十七年目の四九七年の遠征はその総決算ともいえ、即位以来の宿願を果たすために、二十万の軍隊をひきいて孝文帝は洛陽をあとにした。当時の南朝は宋に代わった斉であり、両国の間で一進一退の激しい攻防が続き、北魏優勢のうちに戦局は推移した。

この間、斉の明帝が四九八年に病死したものの、孝文帝自身も病魔に倒れたことで、けっきょく南伐は頓挫し斉を屈服させるまでにはいたらなかった。四九九年四月、洛陽への帰還の途次、谷塘原（河南省鄧州市東南）に到達したところで孝文帝は死去し、これをもって南伐は終わりを告げる。享年三十三歳。前秦の天王苻堅と同様、天下統一の夢は、このたびも実現しなかったのである。

これ以後、孝文帝と斉との争いは宣武帝（在位：四九九～五一五）と梁との争いに引き継がれるが、戦局は収束するどころか泥沼化の様相を呈していった。そうこうするうちに、北魏自体がほどなく東魏と西魏に分裂し、やがて北斉と北周が取って代わるなど、しばらくは混乱の時代が続く。

華北が再び統一されるのは、北周が北斉を滅ぼす五七七年のことである。さらに南北朝が終決して、晴れて天下統一が達成されるのは孝文帝の死から九十年後、北周を継いだ隋が南朝最後の陳を下した五八九年のことであった。

それにしても、孝文帝の華化政策が、中国社会に与えた影響は決して小さくない。こののち、鮮卑族の中国化(華化)は国家の予想を超えて独自に進展したからだ。

隋唐時代になると彼らは完全に漢族に同化し、鮮卑族そのものが地上から消滅する。鮮卑国家北周から出た隋の文帝楊堅(在位：五八一〜六〇四)や唐の高祖李淵(在位：六一八〜六二六)も、その心性は漢族と何ら変わらない。かつて漠北の草原を疾駆した鮮卑族が、これほど見事に中国社会に溶解するものなのか。中華世界での漢族形成の実態を、まざまざと見せつけられたかのようである。

第四章　天下と天下秩序——漢・魏晋南北朝②

天下と九州

南朝・北朝双方にとって、天下統一は悲願であった。それぞれ南と北に天下を設定しながらも、終局的には両地の合一がめざされた。両者にとって現状は決してあるべき姿ではなく、真の天朝には一つの天下で十分だったからである。だが、その実現のために、じつに百五十年の年月を費やさねばならなかった。この間、天下は南北に二つであり続けた。この事実は一面、南北に分かれていても天下は天下であり、為政者にとって天下とはしょせん、観念的で融通無碍な空間であることを示している。

ありていに言って、天下は天子の徳に応じて伸縮するため、明確な境域などは存在しない。とはいえ、では天下とは、まったく境界のない空間なのかといえば、もちろんそうではない。天子の徳が及んだ証しとして、天朝たる中華王朝は天下に一つの身分秩序を設定した。その秩序の覆う範囲が天下である。では、天下での秩序とは、いったいどのようなものなのか。それは現実の皇帝支配と、どう関わりあったのか。ここで今一度天下の問題に立ちもどり、中華王朝の天下統治の様相を考えてみることにしたい。

第二章で詳述したように、漢代の皇帝は皇帝号と天子号とを使い分けることで、皇帝と天子との一体化にひとまず成功した。皇帝とは狭義の天下（＝華）すなわち郡県制のしかれた実効的支配領域、いわゆる九州を統治するための称号である。対する天子は天地の祀りや、華と夷の広義の天下での称号だと指摘した。この点に関連して、後漢時代の班固（三二～九二）は『白虎通』号篇の中で次のように述べている。

ある時には天子と称し、またある時には帝王（皇帝）と称するのはなぜか。思うに、それは上（天）に対しては天子を頂点とする爵位を設けて仕えるためで、下に対しては天下（九州）で一番尊い称号（帝王）をもって臣下に号令するためである。

本来、天の付託を受けた天子が統治する天下という空間と、絶対権力者である帝王（皇帝）が統治する九州という空間とは別個のものである。前者は天子の徳の及ぶ観念的な空間、後者は皇帝の支配する実体的な空間と言い換えてもよい。その異なる空間を一体化させたのが漢代の儒者であり、それは皇帝に天子の役割を演じさせることで可能となった。先の『白虎通』にある天に対しては天子として仕え、下々には皇帝として君臨するというのがそれである。

天下としての九州

ここでいささか込み入った話をせねばならない。

先に広義の天下では天子、狭義の天下では皇帝という称号が使用されたと述べたが、率直に言ってこの説明だけでは誤解を生じかねない。なぜなら狭義の天下で皇帝を称するのも、その空間を皇帝の実効的支配領域、すなわち九州という実体としてとらえた時だけだからだ。観念的な空間としての天下とみなせば、狭義の天下であっても天子の称号を使用するものとされた。

例えば九州(狭義の天下)を統一して新王朝を創設したとき、王朝創業者はまずは皇帝名義で天に報告し、天子として承認されると、それ以後は天子名義で天の祀りを行った。皇帝が天の承認を得て天子となった時点で、実体的な九州も観念的な天下(狭義の天下)へと転換したのである。

言い換えれば、本書でいう狭義の天下とは、実体と観念の両様の意味合いを持つ特殊な空間であり、じつは狭義の天下という一言で簡単に割り切れるものではない。それは皇帝が支配する九州を天下(狭義の天下)に見立てて、皇帝と天子との一体化を図ったことに起因する。皇帝号と天子号は九州と天下という別々の空間で使われたのではなく、両者の合体した狭義の天下という同一の空間で機能別に使い分けられたにすぎない。

それゆえ天下という言葉は、当然のことながら実体としての九州をも含意することになる。先掲の『白虎通』に「天下(九州)で一番尊い称号(帝王)をもって臣下に号令する」とあるのは、九州を天下と表現した例である。天下統一も同様で、ここでいう天下とは皇帝が実際に支配する地域すなわち九州を指し、それが皇帝によって統一されたことに他ならない。つまり、天下統一にいう天下は観念的な天下ではなく、あくまでも実体としての九州のことなのである。

天下(狭義の天下)と九州とが同一空間の単なる読み替えであるならば、現実政治の場での皇帝号と天子号との使い分けにも厳密さが失われて当然であろう。事実、すでに漢代の頃から、皇帝号と天子号との間には互換性が認められるようになり、やがて「夷夏の通称、天子を皇帝という」(『大唐六典』巻四)ように、天子と皇帝との境界は曖昧になっていく。天子と皇帝とは同じ実体を表す呼称となったわけだ。ただしそれでも観念的には、天地の祀りは天の子・天子が行うものとされていた。

官僚制的秩序と爵制的秩序

いずれにせよ、狭義の天下とは観念的な天下と実体としての九州とを同時に包含した空間であったことが分かるだろう。興味深いのは漢代の儒者が、天下と九州とにそれぞれ異なる身分秩序を想定して、その意味づけをしたことである。

異なる秩序とは、当時現実に存在した官位と爵位の両系統の秩序を指す。ともに国内で機能する実質的な身分秩序なのだが、儒家はこのうち爵位に着目し、先の『白虎通』にもあるように、爵位を天に仕えるための天下秩序になぞらえた。この結果、官位は九州、爵位は天下での身分秩序となり、両者は区別して理解されるようになる。便宜上、ここでは前者の秩序を官僚制的秩序、後者を爵制的秩序と呼ぶことにしよう。

では、両秩序は具体的にはどのようなものであったか。

まず官僚制的秩序だが、漢代の場合、皇帝が直接統治する中国国内（九州）には、三公九卿をトップに、中央・地方を貫くピラミッド型の官僚体系が構築された。この体系は時代によって変遷があるものの、官僚が皇帝の命令を受け、その手足となって民衆を統治する上意下達の構造自体は、どの時代にも共通する。秦王朝から清王朝にいたるまで、中華帝国の実質的な運営を担っていたのが官僚制的秩序であり、まさに国内統治の根幹をなす身分秩序であった。

九州で機能した官僚制的秩序に対し、天下に適用されたのが爵制的秩序である。漢代の爵位は官爵と民爵を合わせた二十のランク（二十等爵）からなり、その上に皇帝一族および功臣が王（諸侯王）として位置づけられていた。儒家が観念的な天下にこの秩序を適用したことで、天下にも階層的な身分序列が生まれることになる。そこでは「天子は爵称なり」(『白虎通』爵篇)とあるように、天子は天下での最高の爵位とみなされ、その下に王、さらに王の下には列侯から最下位の公士にいたる二十等爵が続くものとされた。

漢代の二十等爵制は秦代のそれを継承したもので、その特徴は官僚だけでなく一般民衆にも爵位が及んだことである。爵位は慶事があるたびに昇格し、その高下に応じて徭役や罪の減免に差等が設けられていた。官僚制的秩序があくまでも支配層内部の序列であるのに対し、爵制的秩序は天下の全住民を対象としており、天下を構成するのは支配・被支配層を含む臣民全体だという、伝統的な天下観にも適合するものであった(なお、女性は男性の配偶者だとして除外された)。

だが二十等爵制も魏晋南北朝時代以後になると、秦漢以前の伝統的な五等爵制にもどり、天子の下に王、そして公・侯・伯・子・男の五等爵を改編した爵位が各時代に設けられた。爵位の名称や種類は時代によって異なるが、この状況は基本的に最後の清朝にまで継承される。それにともない、秦漢時代のように全住民に与えられることもなくなり、宗室や功臣など特定の階層を賞誉する制度としてのみ利用された。ただし、天下での秩序だという爵制的秩序の意味づけだけは、後世になっても変更されることはなかった。

外臣の冊封

以上のように、官僚制的秩序は実体的な九州での秩序、爵制的秩序は観念的な天下での秩序とひとまず規定された。中華王朝はこの二つの秩序を王朝支配の基礎に置いたわけだが、ここであらためて取り上げたいのは後者の爵制的秩序である。先に見た爵制的秩序の機能する天下とは、二十等爵や五等爵の施行された狭義の天下のことであった。だが中国人にとり、広義の天下も狭義の天下も同じ天下である以上、爵制的秩序が広義の天下に援用されても何ら不思議ではなかろう。

もちろん、すべてがそのまま広義の天下にスライドしたわけではなく、国外にも通用する普遍的な秩序だけが特別に適用された。それが周辺諸国・諸民族の首長に与えられた王爵である。もともと狭義の天下（中国国内）での身分秩序である王爵は、天下という概念を媒介に、広義の天下にも横すべりしたわけだ。ただし、同じ王とはいえ夷狄の王（すなわち蕃王）は国内の王よりも下位に置かれ、諸侯王の外縁に位置づけられた。つまり、彼らは外臣と呼ばれて、諸侯王をはじめとする内臣とは明確に区別されたのである。

一般に、夷狄の首長への王爵の授与を冊封という。本来、冊封とは皇帝が諸王や諸侯などを冊書をもって封じることで、蕃王に対しては単に封というだけなのだが、ここでは通例に従い冊封と呼んでおく。冊封されると中国皇帝（天子）の臣下となり、冊封時にその身分を表す印章を授かり、定期的な朝貢が義務づけられる。朝貢は、夷狄が天子の徳を慕って（これを慕化という）中華に出向く行為として解釈された。逆にいえば、天子の徳が高ければ高いほど、夷狄の朝貢は増加するという理屈である。

中華王朝による周辺諸国・諸民族への冊封は、国内に王の存在しない秦代にはなく、諸侯王の生まれた前漢時代の初期に始まった。南越（現在の福建・広東からベトナム北部にかけて存在した国）および朝鮮に対するものが最初で、以後、多くの周辺諸国・諸民族が冊封された。時代は少し下るが、日本の北九州にあった倭奴国が冊封を受けて金印を賜ったのは、後漢時代の西暦五七年のことである。シルクロードの西域諸国も漢代を通じてつぎつぎと朝貢し、漢の盛時の一翼を担うことになる。

じつは、こうした周辺の夷狄に対しては、その勢力に応じて王とは別の爵位も適用された。侯・君・長などがそれに当たり、前漢時代にはそれらの多くは西域諸国・諸民族の首長や部族長に授与された。

具体的には、輔国侯、安国侯、安世侯、撃胡侯、却胡侯、通善君、郷（嚮）善君、道（導）民君、撃胡君、却胡君、騎君、千長、佰長などさまざまな爵号が与えられた。ちなみに輔国（国を輔《たす》く）、安国（国を安んず）の国とは漢のことであり、撃胡（胡を撃つ）、却胡（胡を却《しりぞ》く）の胡とは匈奴

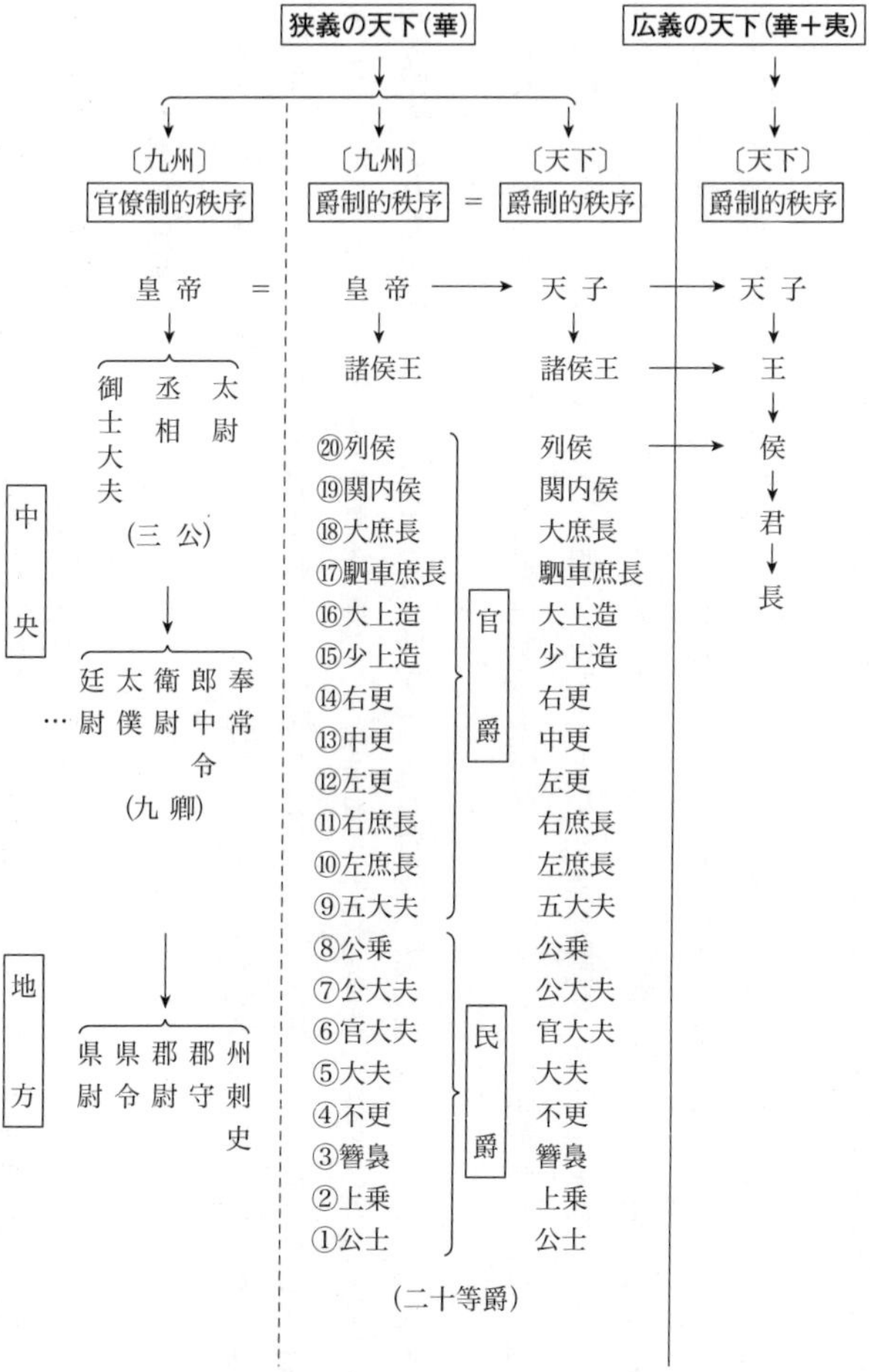

皇帝と天子を頂点とした秩序体系

のことである。漢王朝は国内の爵位とは別に、わざわざ外臣用の爵位を用意して、同じく天子を頂点とした秩序体系の上に位置づけたのである。

王爵と印綬

漢が南越と朝鮮を冊封したとき、それぞれ南越王と朝鮮王という王号が与えられ、南越王には金璽が、朝鮮王には金印が授与された。南越王の金璽には、外臣であることを示す「漢」の字を冠して「漢南越王璽(漢の南越王の璽)」と刻まれていたはずだが、印ではなく璽であることは朝鮮よりも重視されていたことを意味する。南越は漢の南の辺境で、かなりの勢力を築いていたということだ。

元来、中華王朝は爵位や官位を可視化する手段の一つとして、この印章をたくみに利用した。一般に印章を与えることを、「印を賜う(仮す)」とか「印綬を賜う(仮す)」という(仮すとは仮に与えること)。印綬の印とは印面を含む印の本体を指し、その材質は玉・金・銀・銅など多様である。また印の上部のつまみのことを鈕《ちゅう》(紐)といい、鈕には穴があって印を下げるための紐《ひも》が通され、その紐のことを綬と称した。この綬の色と印材および鈕の形などで印章の用途やランクが示された。

例えば、漢の制度では諸侯王は亀鈕の金璽盭《れい》(もえぎ)綬、列侯は亀鈕の金印紫綬、相国《しょうこく》(丞相)や太尉も同じく亀鈕の金印紫綬と定められていた。また後漢時代になると、外臣のうち南方の蛮夷は蛇鈕、北方の戎狄は駝鈕などというように、しだいに使い分けがなされるようになる。かつて真贋論争もあった倭奴国の金印は蛇鈕であり、当時倭国は中国の南にあると考えられていたので、南方の蛮夷の印章の蛇鈕に合致する。これは同じ蛇鈕である漢代雲南地方の「滇王《てんおう》之印」の考証を経て、今日ではまず本物であろうとされている。

南越王に金璽を与えたのは稀有な例であり、普通は周辺諸国の中でも漢の重視した王には金印が授与された。重視の理由もさまざまで、特に軍事面が一等考慮されたが、わざわざ遠隔地から朝貢してきたことを愛でて、金印を与えて優遇することもあった。さしずめ光武帝のときに朝貢してきた倭奴国などはその例である。

倭国は朝鮮半島の楽浪郡の境界から数えても一万里余り、まして後漢の都の洛陽から見れば遥か海の彼方の絶域の朝貢国である。そんな夷狄の国が天子の徳を慕ってわざわざ来朝したのだから、中華の天子としても優遇しないわけにはいかなかっただろう。東夷の倭国は地政学的にいっても、たしかに得をした面がある。

倭奴国は倭国か

ここで少しだけ付言すれば、倭奴国の金印に刻まれた「漢委(倭の減筆)奴国王」という文字は、通説では「漢の倭の奴《な》の国王」と読まれる。しかし、はっきり言ってこれはおかしい。なぜなら、後漢時代には「国王」という爵号はなく、王爵はすべて「王」号が用いられたからだ。『後漢書』百官志には次のようにある。

四夷の国には、王、率衆王、帰義侯、邑君、邑長などがあり、みな丞(補佐官)を置いて郡県の制度に倣っている。

この史料については「四夷には国王、率衆王……などがあり」と読まれることが多い。だが『後漢書』巻頭の目録に、列侯、関内侯に次いで「四夷国(四夷の国)」との表題が挙げられているように、ここはやはり「四夷の国には、王、率衆王……などがあり」と、国は四夷の後に附して読むべきであろう。国王号が登場するのはせいぜい南北朝の頃からで、後漢時代にはまだ存在しない。つまり「倭国王」も「倭の国王」ではなく、「倭国の王」であるわけで、ゆえに「倭奴国王」も「倭奴国の王」か「倭の奴国の王」と読まねばならない。

ただし、「倭の奴国の王」と読むことも、当時の制度に照らせば、まずあり得ない。なぜなら金印紫綬が授与されるのは一国の王に対してであり、一国の中の一部族の首長に与えることは絶対にないからだ。となると「倭の奴国の王」、つまり倭国の中のさらに奴国の王だと理解するのには無理があり、結論として「倭奴国王」は、すなわち「倭奴国の王」と読むのが正解だということになる。

では、倭奴国の奴とはどういう意味なのか。これについては、倭国に対する蔑称だとする冨谷至氏の説に従いたい。匈河のほとりにいた北方民族を匈奴と称した類である。おそらく北九州あたりのどこかの国が後漢王朝に朝貢した際に、倭国＝倭奴国として冊封され記録に残ったのだろう。『旧唐書《くとうじょ》』東夷伝、倭国の条に、「倭国なる者は、古の倭奴国なり」とあり、また『新唐書』日本伝に「日本は、古の倭奴なり」とあるのは、その推測を傍証する。倭奴国とは、つまりは倭国のことなのである。

「漢委奴国王」の金印（福岡市博物館蔵）

話がそれたが、光武帝が倭奴国王に授与したのは金印と王爵だけで、官位は与えていない。それは本来、官位とは九州（中国国内）での身分秩序であり、夷狄を含む広義の天下では爵位が機能するものとされたからである。

蕃王に官位を与えず授爵だけを行うのは、当時の漢王朝の東アジア諸国に対する基本方針でもあった。先の朝鮮王や南越王にも王爵しか授与していない。漢代での蕃王の冊封は、少なくとも東アジア

（狭義には現在の中国・北朝鮮・韓国・日本・ベトナムなど）に限っていえば、印綬の下賜と授爵のみを行った点に特徴がある。

官位と爵位の授与

今、東アジアに限ると断ったのには理由がある。じつはその他の地域では官爵の授与の仕方に、違いが見られるからだ。その一つが西域である。現在の東トルキスタンにあった車師後国《しゃしご》を例に挙げてみよう。『漢書』西域伝は次のように記す。

車師後国。王の治所である務塗谷は、長安を去ること八千九百五十里で、戸は五百九十五、人口は四千七百七十四、勝兵は千八百九十人である。撃胡侯、左右将、左右都尉、道（導）民君、訳長が各一人ずついる。

見ての通り車師後国では、王以下、侯、将、都尉、君、長が各一名ずつ存在したという。このうち侯と君と長は爵位だが、それ以外の将と都尉とは官位である。つまり、ここでは爵位と官位との区別がまったくなされておらず、同列の身分秩序として通行していることが分かる。見方を変えれば、君とか長の爵位も、実質的には官位と何ら変わりがなかったということだ。

これは他の西域諸国も同様である。

さらに、倭奴国王が金印を賜ったのとほぼ同時期、東トルキスタンの莎車《さしゃ》国ではまた異なった形式の冊封が行われていた。『後漢書』西域伝はいう。

莎車国。……建武五年(西暦二九年)、河西大将軍の竇融《とうゆう》は皇帝から全権委任を受け、莎車国の王の康を立てて漢莎車建功懐徳王・西域大都尉とした。

莎車国では王の康が漢莎車建功懐徳王という王爵を授けられると同時に、西域大都尉にも任じられているのである。つまり、康には爵位と官位とが同時に与えられたわけで、東アジアでの冊封とはまた違った様相を見せている。

これは莎車国だけではなく隣国の疏勒《そろく》国も同様で、王の臣磐は永建二年(一二七)に同じく大都尉を授けられている。また北方の鮮卑や烏丸《うがん》、あるいは西南夷にも同様の例があることは、これらの地域では官爵の同時授与が決して珍しくなかったことを示している。漢代の儒者によって考え出された官僚制的秩序と爵制的秩序の使い分けも、中国の北方、西方、南方には必ずしも適用されていないのである。

こうした違いの由来を究明することは難しいが、一つは儒家が官位と爵位の意味づけを行う以前に、すでに当地では官位と爵位が同列の身分秩序として使用されていたことが大きいかもしれない。儒家の解釈は、あくまでも東アジアの現実から生み出され、東アジアでのみ通用するものであったということだ。

卑弥呼の冊封

以上の点から考えても、東アジアはやはり一つのまとまりを持ったブロックとみなし得るのだが、その東アジアもやがて周縁からの波動の中に巻き込まれていく。

先に見たように、倭奴国の使者は王爵と金印は授かったものの、使者本人が官爵を授与された形跡は見当たらない。だが、後漢が滅び、続く魏晋南北朝の分裂時代に突入すると、東アジアでの官爵の授与の仕方にも変化がきざしだす。この間の経緯を倭国の卑弥呼と中国との関係から見てみよう。

卑弥呼が中国に使者を派遣したのは、後漢が滅亡して魏・蜀・呉の三国が争っていた景初三年(二三九)のことである。使者が向かったのは魏の都の洛陽であり、彼らを迎えた魏王朝は卑弥呼を親魏倭王として冊封し、金印のほか多数の下賜品を与えてねぎらった。魏がこれだけ厚遇したのは当時の中国国内事情が関係しており、倭国が魏の南方の呉と手を結ぶことを恐れた結果だといわれる。

はたして、このとき中国側は、倭奴国の朝貢時とはいささか異なる対応を見せることになる。『魏志倭人伝』(『三国志』魏書、東夷伝、倭人の条)には次のようにある。

今、難升米《なんしょうまい》を以て率善中郎将と為し、牛利《ごり》を率善校尉と為し、銀印青綬を仮す。

卑弥呼の親魏倭王への冊封とは別に、難升米、牛利という二人の使者にも官職を与え印綬を給したのである。ここにいう率善とは「善に率《したが》う」という意味で、先に挙げた率衆王や帰義侯と同様、中華への帰属を象徴的に示す称号であり、率善佰長、率善邑長、率善都尉、率善中郎将、率善校尉などがある。佰長、邑長を除けば都尉、中郎将、校尉ともに、もとは中国国内に置かれた武官職で、それが率善という称号を冠して、三国以後は周辺諸国・諸民族の中小の首長たちに与えられたのである。

具体的には烏丸、鮮卑などの北方民族、氐、羌などの西方の民族、あるいは叟《そう》、倓《たん》などの南方の民族とともに、東アジアでは朝鮮南部の三韓や倭国にも授与された。まさに天子の徳化を可視化・実体化しようとの中華王朝の思惑が、そこには込められていた。

外臣から内臣へ

ここで注意すべきは、難升米らへの授官に当たり、魏は卑弥呼には爵位を授けるだけで、官位の授与は行っていないことだ。先述したように、東アジア以外では遅くとも後漢の初めから、蕃王に対して爵位と官位とが同時に授与されることがあった。だが、東アジアでは三国時代になっても、蕃王には王爵以外、何の官位も与えていない。臣下に対する授官や授爵と、明確に区別しているのである。

これはいったい何を意味するのかといえば、蕃王は爵位のみで外臣のまま広義の天下に止め置かれたのに対し、官位の授けられた蕃王の臣下や中小の首長については、彼らの内臣化が図られたということだ。たとえ率善などの称号で差別化してはいても、理念的には国内の臣下である内臣の末端に位置づけるものであった。つまり夷狄への授官には、外臣を内臣へと転換させる政治的な意味合いがあったのである。

蕃王の臣下を内臣にすることが、実質的にどれほどの意味を持ったかは今は問わない。おそらく来朝した使節への恩賞的な措置ないし徳化の証しとして、授官されるようになったものと思われる。一方、蕃王への授官が見られないのは、ことさら蕃王を内臣にすることの必要性を、この時点では華夷ともに認めていなかったからであろう。後世に比べれば東アジア諸国間の有機的な繋がりが、いまだ希薄であったということでもある。

だが、三国時代の抗争を経て華北に五胡諸国が乱立すると、東アジアの国際政治は俄然活気づいてくる。

例えば高句麗は東晋との関係を維持しながら、隣接する前燕を恐れて臣従したり(三五五年)、その前燕を滅ぼし華北を統一した前秦の苻堅のもとに朝貢したり(三七二年)、あるいは後にはあらためて東晋の冊封を受けるなど(四一三年)、中国王朝の動向に敏感に反応した。また新羅や百済も高句麗にやや遅れて前秦や東晋に入貢し、激動する国際情勢の中で必死に自国の立ち位置を模索した。

他方、東晋や五胡諸国も当然、それぞれが周辺諸国・諸民族の取り込みに躍起にならざるを得なかった。当時の中国国内の分裂状況が、逆に周辺諸国・諸民族との関係性を深めた面もたしかにあった。まさにそんな錯綜した政治状況の中で、中華と夷狄の双方の思惑が、やがて冊封時の形式に一つの変化を生み出すにいたる。東夷の蕃王に対して王爵だけでなく、官位も授けるようになったのである。いわゆる蕃王の内臣化に他ならない。

蕃王の内臣化

中国王朝が東アジアの蕃王を内臣にしたのは、先に述べた前燕による高句麗王の冊封を嚆矢とする。

三五五年、前燕は高句麗の故国原王に対し、「(使持節、都督)営州諸軍事、征東将軍、営州刺史、楽浪公、高句麗王」の官爵を賜った。ここにいう「営州諸軍事、征東将軍(以上、武官)、営州刺史(文官)」は内臣に与える官位であり、「楽浪公」は五等爵第一等の公爵で、同じく内臣用の爵位である。本来、外臣の王爵しか持たない高句麗王の、内臣化が図られていることが分かるだろう。前燕が三七〇年に滅亡すると、高句麗は四一三年に東晋から冊封を受け、前燕とほぼ同じ官爵を授与されている。

あらためていうまでもなく、蕃王の内臣化といっても、完全に中国王朝の内臣になるわけではもちろんない。だが、蕃王が内臣として官僚制的秩序の上に位置づけられたことは、中国王朝にとっては国内の臣下と同等とまではいかなくとも、蕃国への影響力を一定程度行使できる立場に立ったことを意味しよう。まして高句麗の場合、内臣の爵位まで授けられているのだからなおさらである。

逆に蕃王の側からすれば、内臣となることで中国の権力中枢に近づくこととなり、対内的にも対外的にも自己の基盤強化につながったはずである。とりわけ対内的には中華皇帝から認証された王と将軍の身分で配下に官爵を仮授し、中華皇帝の承認(除正)を得て国内の政治的秩序を強化した。王権の脆弱性を中華皇帝の権威によって補強したのである。つまり、蕃王の内臣化は、華夷双方にとってメリットがあったということだ。

華北が統一されて南北朝時代が到来すると、両朝は互いに競い合って勢力拡大に邁進する。その間、ともに周辺諸国との関係強化を図ってさかんに朝貢をうながした。北朝に朝貢した国には、高句麗、百済、新羅、柔然《じゅうぜん》、契丹《きったん》、庫莫奚《こばくけい》などがあり、南朝には同じく高句麗、百済、新羅の他、倭国や東南アジア諸国があった。一方、蕃国は蕃国で両朝の実力と国際情勢を見計りながら、いずれかに加担しては官爵を受け、その権威をたくみに利用しようとした。

そんな南北両朝および蕃国の利害がもっとも先鋭的な形で現れたのが、複数の蕃国が対立・抗争した朝鮮半島である。北から攻勢をかける高句麗に対し、百済と新羅は常に守勢の立場に立たされていたが、そこに南から倭国も加わり、朝鮮半島の国際情勢はめまぐるしく変転した。朝鮮三国および倭国は半島での主導権争いを優位に運ぼうと、中国王朝の権威を積極的に活用しようとしたからだ。その間の駆け引きの様は、倭国を例に考えると非常に分かりやすい。

倭の五王の登場

四二〇年、東晋に代わって宋が成立すると、倭国からは讃、珍、済、興、武の五人の王が前後八回にわたって遣使し、活発な外交を繰り広げた。いわゆる倭の五王の朝貢である。

倭の五王がどの天皇に相当するかは諸説があって一定していないが、済が允恭天皇、興が安康天皇、武が雄略天皇であることは、ほぼ定説であるようだ。彼らはさかんに宋に朝貢しては、貢物を献上するとともに官爵を求め続けた。

当初、讃に与えられたのは「安東将軍、倭国王」の官爵のみであった(四二一年)。続く珍は「使持節、都督倭・百済・新羅・任那・秦韓・慕韓六国諸軍事、安東大将軍、倭国王」を求めたが許されず、讃と同じ官爵が授けられた(四三八年)。官号にある「使持節、都督云々」は、皇帝から全権を与えられて倭・百済以下六国の諸軍事を都督(統轄)するとの意味で、朝鮮半島南部での倭の支配権を主張するものである。

こうした官号は必ずしも実体を表すものではなく、じつは名目だけの虚官も含まれているのだが、その名目を中華王朝に認証してもらうことが、蕃国にとっては重要であった。そこに記された官号の内容は中華王朝の信任の度合いを示し、東アジア国際秩序の中での蕃王の位置を確定したからである。

先に讃が「安東将軍、倭国王」の官爵を授与されたとき、宋が高句麗に与えた官爵は「使持節、都督営州諸軍事、征東大将軍、高句麗王、楽浪公」であり、百済王は「使持節、都督百済諸軍事、鎮東大将軍、百済王」であった。このとき倭国には都督職が授けられていない。

また将軍号を比較すると、高句麗王は征東大将軍、百済王は鎮東大将軍であるのに対し、倭国王は安東将軍である。宋の制度では、将軍の序列は征東、鎮東、安東の順であり、さらに将軍よりは大将軍の方が当然上位にある。倭国王はすべての面で、高句麗王・百済王より下位に置かれていたことが知られよう。

珍以後も倭王たちは朝鮮諸国(とりわけ高句麗)に対抗するために、官爵の内容にこだわり続けた。倭王武が四七八年に最後の入貢を行った際、彼は「使持節、都督倭・百済・新羅・任那・加羅・秦韓・慕韓七国諸軍事、安東大将軍、倭国王」を自称し、その正式な認証を求めたのはその一例である。

だが、このとき宋が認めたのは六国諸軍事の都督だけで、そこに百済を加えることは許さなかった。当時、百済も宋の冊封国であり、倭国の支配を容認するわけにはいかなかったからである。他方、冊封国ではない新羅については、倭国の要求をそのまま認めて倭国の顔を立てている。こんなところにも、混乱の世の外交上の駆け引きを、垣間みることができよう。

第五章　中国の大天下と倭国の小天下——南朝・隋・唐

治天下大王

不思議なことに、四七八年の倭王武の朝貢を最後に、倭国の来朝はぱったりと途絶えてしまう。この間、四七九年に宋が滅び、続く斉(四七九〜五〇二)が倭王を鎮東大将軍に任じ、また次の梁(五〇二〜五五七)も征東大将軍に昇格させているが、ともに倭国の来朝がないまま一方的に授与したにすぎない。倭国の意向をまったく無視したこれらの措置は、斉・梁両王朝が新政権の発足を機に、自王朝の正当化のために行った国内向けのアピールでもあった。

南朝宋代にあれだけ頻繁に朝貢した倭国だが、宋の滅亡後は隋(五八一〜六一八)の開皇二十年(六〇〇)に最初の遣隋使を派遣するまで、百二十年以上にわたって中国と接触をしていない。宋から隋にいたる間、江南では斉・梁・陳の三王朝が興亡したにもかかわらず、倭国はいずれの王朝にも使者を送ることはなかった。あたかも倭国にとっては宋だけが正統王朝であり、他の三王朝は眼中になかったかのように。

倭国のこの変化の裏には、倭国側の事情が大きく関係していたといわれる。事情というのは他でもない。倭国国内での王権の確立と、それにともなう中国中心の冊封体制からの離脱の動きである。一言でいって、中国の権威を必要としなくなったということだ。それを象徴的に示すのが、倭国独自の天下観の形成である。

埼玉県稲荷山古墳出土の鉄剣の両面には一一五文字の金象嵌《きんぞうがん》の銘文があり、そこには「辛亥の年七月中に記す」とある。通説では辛亥の年は四七一年だとされ、倭王武が最後に使者を派遣した七年前のことである。銘文中には「獲加多支鹵大王(ワカタケルオオキミ)」の時に「吾左治天下(吾レ天下ヲ左治シ)」とあり、剣《つるぎ》の制作者がワカタケル、すなわち雄略天皇を補佐したことを後世に伝えるために、この鉄剣を作らせたことが分かる。一般にはこの雄略天皇が倭王武に当たるといわれる。

一方、西に目を転じると、ほぼ同時期に築造された熊本県江田船山古墳からも、「治天下獲加多支鹵大王世(アメノシタシロシメスワカタケルオオキミノヨ)」との銘文を持つ鉄刀が出土している。日本の東西の古墳からワカタケルの名を刻んだ刀剣が出土したことは、当時のヤマト王権の支配圏の拡大を裏づけて非常に興味深い。一世紀の倭奴国や三世紀の邪馬台国とは明らかに異なる、列島内での王権の成長が想定できよう。

ヤマト王権の勢力範囲の拡大もさることながら、ここで重要なのは刀剣に刻まれた「天下」という二文字である。もちろん刀剣にいう天下が、あの中国を中心とした広狭二つの天下でないことはあらためていうまでもない。あくまでも倭国にとっての天下であり、その天下を統治するのが治天下大王だという、倭国独自の天下観が生まれていることに気づくだろう。では、倭国の天下とはどのようなものか。

倭王武の天下

倭国の天下を考えるにあたって、まず取り上げるべきは『宋書』倭国伝中の倭王武の上表文である。上表文は流麗な四《し》六《ろく》駢《べん》儷《れい》体《たい》で書かれ、おそらく渡来系の人物の手になるものと推測されるが、中に次の一節がある。表文（皇帝に上呈する国書）の格調高さを示すために、やや難解であるが訓読をそのまま挙げる。

封国は偏遠にして藩を外に作《な》す。昔より祖禰《そでい》（父祖）躬《みずか》ら甲冑を擐《つらぬ》き、山川を跋渉《ばっしょう》し、寧処に遑《いとま》あらず。東は毛人を征すること五十五国。西は衆夷を服すること六十六国。渡りて海北を平らぐること九十五国。王道融泰にして、土を廓《ひら》き畿を遐《はるか》にす。累葉朝宗して歳ごとに愆《あやま》らず。

この上表文によれば、「東は毛人を征すること五十五国。西は衆夷を服すること六十六国。渡りて海北を平らぐること九十五国」とあるように、倭国が東西の辺境にいる毛人と衆夷を征服すると同時に、海北の国々も平定したことが見て取れる。毛人と衆夷とが日本列島の東西にいる蝦夷《えみし》と熊襲《くまそ》・隼人《はやと》を意味するのに対し、海北の国々が海を挟んだ朝鮮半島を指すことはまず間違いない。

つまり、治天下大王にいう「天下」とは、ヤマト王権の実効的支配領域とその周辺地域・諸国を含んだ日本独自の天下であることが理解できよう。

しかも、倭王が周辺地域を平定したことで、「王道融泰にして、土を廓《ひら》き畿を遐《はるか》にす（天子の徳はいきわたり、その領域は都の遥か遠くまで広がった）」との見解が示される。ここでの天子（王）は中華の天子のことで、要は天子の治める天下の拡大に倭王が貢献したとの謂いである。さらに倭王は「累葉朝宗して歳ごとに愆《あやま》らず（代々朝貢して、その年限を違えたことはありません）」とあり、倭王が中華の天子に忠節を尽くしているさまが強調される。

かつて倭奴国王や邪馬台国の卑弥呼は、中国皇帝によって王として冊封されることを願って朝貢した。もちろん倭の五王も、その点では変わりはない。ただ、卑弥呼と倭の五王（少なくとも倭王武）との間には時間的懸隔だけではなく、天下観においても大きな違いのあることは注意されてよい。

それは中国(中華)を中心とした大天下の中で、倭の五王は自国を東夷と位置づけつつも、新たに自国を中心とした小天下を想定していることだ。つまり、倭王の脳裏には中国中心の天下秩序の一翼を担っているとの思いとともに、日本を中心とした小天下の秩序意識が芽生えだしているのである。ここに倭の五王時代の王権の成長を認めないわけにはいかない。

こうした倭王の天下観は、中国中心の冊封体制からの自立の動きとしてとらえることもできるだろう。実際この時期、周辺諸国の多くが中国思想の影響を受けて独自の天下を生み出し、王権を伸張させたのはまぎれもない事実であった。つまり、この動きが倭国だけのものでなく、周辺諸国に共通した現象であることは、東アジアでの天下観の受容と展開を考える上で重要である。その種々相を朝鮮半島を例に見てみよう。

朝鮮諸国の天下

高句麗、百済、新羅の朝鮮三国の中で、個別の天下観形成の動きが最初に現れたのは高句麗においてである。

偉大な父・好太王(在位:三九一~四一二)を顕彰するために、長寿王(在位:四一三~四九一)が四一四年に建立した有名な好太王(広開土王)碑文の第一面には、百残（百済）・新羅は旧《もと》より是れ属民にして、由来朝貢せり。

とある。そして第二面には、いったん倭国に服属した百済が再び高句麗に下ったときの状況として、

〔百済王が高句麗の好太〕王に跪《ひざまず》いて自ら誓う、今より以後、永く奴客たらん、と。太王恩赦す。

と記されている。

第二面では高句麗と百済との関係を、「跪王」「奴客」など高句麗独特の用語で説明するが、第一面ではその関係を「朝貢」という言葉で表現している。この時点で高句麗には、自国を中心とした天下観念が生まれていたことが知られよう。なぜなら、朝貢とは天下という空間での華と夷の上下関係を表す概念であり、天下を前提として初めて成り立つものだからである。

じじつ、好太王時代の北扶余《ふよ》の地方官であった牟頭婁《むとうる》の墓誌には、

天下四方、此の国郡(高句麗の地)が最も聖信なるを知れり。

とあり、すでに高句麗を中心とした天下観が存在していたことは明らかである。これはまた、五世紀後半の高句麗の新羅侵攻を記念した「中原高句麗碑」(韓国忠清北道忠州市)の中で、新羅のことを「東夷」と表現していることからも傍証できる。高句麗が自国を中華、新羅を夷狄とする華夷思想で国際関係をとらえていたことを裏づけるものであろう。

高句麗では好太王のときに永楽という年号が建てられるが、倭国の最初の年号とされる大化よりも二百五十年以上早い。この年号の制定に加え、天下、中華、朝貢という概念も、倭国に先んじて形成された。また、百済や新羅も高句麗ほど明確ではないが、やや遅れて同様の動きを見せており、東アジア諸国の中では王権の確立と独自の天下観の形成とが連動していたことがうかがえよう。

中国王朝が周辺諸国の内臣化を進めつつあった魏晋南北朝時代、当事国である周辺諸国の内部では、それとは別に固有の天下が生まれつつあった。それはまた中国中心の大天下からの自立を意味するのだが、まさに大天下と小天下の観念同士のせめぎあいが始まるのはこれ以後である。政治的にも軍事的にも圧倒的優位にある中国の影響のもと、周辺諸国は中国との間合いを見定めながら王権の確立を図っていく。そんな中で劇的な展開を遂げるのが、東海に浮かぶ東夷の国・倭国に他ならない。

天の弟、日の兄

先述したように、倭国は四七八年の倭王武の朝貢を最後に、中国への使者の派遣を突然中止した。以後、百二十年ほどの空白期間を経て東アジアの国際舞台に再登場するが、そのときには倭国の姿勢に大きな変化が生じていた。かつて冊封を受けて中国に臣従し朝貢していた時代と違い、きわめて尊大な態度で中国に接してきたのである。そこには朝鮮諸国に対抗するため競って中国の官爵を求めた、あの五王のような恭順な姿はどこにもなかった。

開皇二十年(六〇〇)、隋の文帝(在位:五八一～六〇四)のときに倭国が久方ぶりに入貢した。文帝が臣下に倭国の風俗を下問させたところ、彼らは次のように答えたという。

倭王は天を兄とし、日を弟としております。天がまだ明け切らぬうちに出座して、胡坐《あぐら》をかいて政務をとり、日が出てくると政務を止めて次のようにいいます。我が弟の日に任せよう、と。(『隋書』倭国伝)

この話を聞いた文帝は、「これはまったく道理が通らぬ話だ」といって、訓令を出して改めさせたとされる。

天を倭王の兄とする倭国の天観は、天を皇帝（天子）の父とみなす中国のそれとは明らかに異なっている。この天観がはたしていつ生まれたのかは今はおき、ここで重要なことは倭王を天の弟、すなわち天弟だと主張している点である。天弟とは中国の家族制度では天の子＝天子よりも上の世代、いわゆる尊属（叔父）を意味する。逆に天弟（倭王）から見れば天子（皇帝）は下の世代、卑属（甥）に当たるということだ。

また、日を倭王の弟だとする主張も、一説では日とは皇帝そのものの暗喩だとされ、もしそうだとしたら倭王は中国皇帝の兄に相当することになる。

つまり、天弟にしろ日の兄にしろ、ともに倭王が中国皇帝に対して上位に立つことを示すもので、皇帝からすればとうてい認め得るものではない。文帝が「まったく道理が通らぬ」と断じたのは、荒唐無稽な使者の話もさることながら、そこに込められた倭国の意図を敏感に感じ取ったからであろう。倭国を諭して、その考えを改めさせたのも当然といえば当然であった。

だが、倭国の方でも、隋の訓令をすんなりと受け入れたわけではなかった。それは、その後の倭国の言動からも察することができる。

日出づる処の天子

第一次の遣隋使から七年後の六〇七年、倭国の使者が隋の都の大興城(唐の長安城)に再び現れた。使節の代表は小野妹子《おののいもこ》。有名な国書事件はこのときに起こるのだが、その間の事情を『隋書』倭国伝で見てみよう。

大業三年(六〇七)、倭国王の多利思比孤《たりしひこ》(じつは女帝の推古天皇)が使者を派遣して朝貢してきた。……その国書には「日出づる処の天子、書を日没する処の天子に致す。恙《つつが》なきや云々」とあった。これを見た煬帝《ようだい》は不愉快となり、鴻臚卿《こうろけい》(外務大臣)にいうには、「蛮夷の書に無礼なものがある。二度とこんな国書は奏上するな」と。

煬帝(在位:六〇四~六一八)が無礼といった理由はいくつかある。本来天下での天子は中国皇帝だけであるのに、東夷の倭王が僭越にも天子を名乗っていることが一つ。また、蕃王の朝貢時には皇帝に進呈する表文を持参すべきところ、このたびの国書は「書を……に致す」とあるように、対等な関係を示す致書文書であったことなどである。倭の五王とは打って変わった倭国の横柄な態度に、隋側も対応に戸惑ったに違いない。

なるほど、当初の天弟を引っ込めて天子と称したのだから、倭国側も譲歩したのだとの解釈も成り立つ。おそらく第一次遣隋使への文帝の訓令の中で、中国中心の天下観が宣明されたと推察されるが、それに対する倭国の返答が天弟から天子への変更であった。それを譲歩と見るかどうかは別にして、興味深いのは倭国があくまでも自国の天下観にこだわり続けている事実である。

中国中心の大天下の中で生まれた倭国中心の小天下だが、倭王武以後、中国との没交渉の間に大天下から遊離し、独自の天下として純化したらしい。倭国にとっては自国の天下がすべてであり、その主宰者が天子たる倭王に他ならなかった。そんな倭国の天下が中国の大天下と真正面からぶつかり、摩擦を生じたのがこのたびの国書事件である。長年国際政治の場から遠ざかり国際ルールに疎い倭国にすれば、隋の高圧的な態度は意想外に映ったかもしれない。

蕃王と天子のダブル・スタンダード

だが、こののち中国側の史料に倭国の非礼が記されていないのは、これを機に倭国の方でも態度を改めたからであろう。当時の両国の力関係を見た場合、あらゆる面でその差は歴然としていた。隋の国力を知った倭国としては、隋と競い合うことの無意味さを十分認識したはずである。隋は隋でその後も倭国を朝貢国として扱ったし、倭国も隋の国内では朝貢国の立場で神妙に振る舞ったものと思われる。

一方、倭国内での倭王の態度は、隋でのそれと随分異なるものであった。例えば『日本書紀』に収載する煬帝から倭王に宛てた国書には、倭王のことを倭皇と記している。「皇」の字が使用できるのは中国皇帝だけなので、隋が倭王を倭皇と呼ぶことなど絶対にあり得ない。あくまでも倭国内部でのみ通用する呼称である。国書の冒頭も「皇帝、倭皇に問う」とあり、君主が臣下に下す慰労詔書の形式であることから、本来は倭王であったのを倭皇に改竄し、いかにも対等であるかのように装ったのだろう。

端的に言って倭王は、大天下での東夷(蕃王)と小天下の天子のダブル・スタンダードを持していた。その際、二つの基準に折り合いをつけるために、倭国が選んだ方策が冊封を受けずに朝貢することであった。未冊封であっても隋からすれば朝貢国に変わりはないし、倭国にとっては隋の臣下でないことの証しとなる。東夷の倭国はさもこともなげに、隋に朝貢しながら自国の論理を貫いたのである。そこに小天下の天子としての倭王の矜持を、読み取ることも可能であろう。

東夷の小帝国

倭王の態度は隋から唐(六一八〜九〇七)に王朝が移行しても、基本的に変わることはなかった。六三〇年の第一次遣唐使船の派遣以後、留学生や留学僧を乗せた倭国の使節団が頻繁に入唐し、大陸の先進文化を学んでは勇躍帰国した。彼らによって唐の制度や思想・法律・宗教などがもたらされ、倭国の国家建設が推し進められた。

この間、倭王を中心とした中央集権体制の強化、土地制度(班田収授制)や租税制度(租庸調制)・軍事制度(軍団制)での諸改革をはじめ、年号や天皇号の制定、倭国から日本国への国号の変更などが立て続けに実施された。一方、これらの施策と平行して、国家の根本法典である律令も唐のそれをもとに編纂がなされ、やがて七〇一年の『大宝律令』の制定で日本の古代国家はひとまず完成する。

古代国家の完成は王権の完成であり、それはまた日本での天下観の完成でもあった。日本は国内では中華(中国)を公言し、国家の実効的支配領域である「化内《けない》」と、王化のおよばぬ「化《け》外《がい》」とを合わせて、日本の天下とする固有の天下観を生み出すにいたる。この場合、化外としては「隣国」の唐、「蕃国」の新羅(のちには渤海も含む)、そして「夷狄」の蝦夷・隼人・南島人などが『大宝令』で規定された。

もっとも、唐を隣国と規定したといっても、それは今日的な意味での対等な国とみなしたわけではもちろんない。では、唐だけ日本中心の天下の中で特別視していたのかといえば、必ずしもそうとはいえない。何よりも、唐は王化の及ばぬ化外の地にある隣国なのである。そこには常に、日本を上位に見立てる潜在的な意識が存在した。

近世朝鮮王朝の中国への「事大(大国に事《つか》える)」と、日本との「交隣(隣国との交流)」を比較・検討した夫馬進氏によれば、もともと隣国という観念には「大が小を字《いつく》しむ」(『春秋左氏伝』)ような、恩恵を施す対象としての下位の国の意味合いが含まれていたという。つまり、上位の日本からすれば隣国も蕃国も基本的な違いはないわけで、のちに唐や唐人を蕃とか蕃人と呼んだのも、その意識に基づいていたものと解される。『日本紀略』延暦十四年(七九五)七月辛巳の条に、「唐人等五人に官を授く。蕃人を優遠(遠来の者を優遇)するを以てなり」とあるのはその例である。

いずれにせよ、中国中心の大天下が大きく華と夷の二者で構成されるのに対し、日本を中心とした小天下は華たる日本と、その周縁部の隣国、蕃国、夷狄で成り立っており、同じ天下といってもその構造は同一ではなかった。これは当時の日本の国内外の状況を、中国由来の天下観念でとらえようとしたことによるもので、現実には大国である唐を小天下の中に無理やり位置づけるための苦肉の策でもあった。

かたや新羅や渤海などの諸蕃に対しては、日本は明確に上位の立場で接しており、時には朝貢を求めることすらあった。両国も唐に対抗するためには日本との関係強化を必要としたため、日本の尊大な態度を黙認せざるを得ず、それがいっそう日本の中華意識を高じさせることになった。いまなお学界で一定の影響力を持つ「東夷の小帝国」論は、こんな日本の天下観のありようから導き出されたものである。

天朝の名乗り

倭の五王時代に生まれた日本独自の天下観は、紆余曲折ののち律令体制のもとで整序され、最終的には先述の日本型華夷秩序に落ち着いた。それは秩序と呼ぶにはあまりにも観念的で、小天下でのみ通用する独善的なものであったが、大天下からの自立と王権の正当化のために案出された、日本ならではの天下ビジョンであった。こんな自己本位な日本の天下観は、やがて当然のように、自国を天朝とみなす唯我独尊的な意識を生み出すことになるだろう。『日本書紀』景行四十年是歳条には次のようにある。

臣、命を天朝に受け、遠く東夷を征す。則ち神恩を被り、皇威に頼り、而して叛《そむ》く者は罪に伏し、荒神は自ら調《ととの》う……。

日本武尊《やまとたけるのみこと》の東征時の話であり、内容自体は神話であるため信憑性に乏しいが、少なくとも『日本書紀』編纂当時の八世紀初頭には、日本を天朝と呼ぶ用法がすでに存在していたことが見て取れる。

　ただし、ここでの天朝は一般にはミカドと解釈され、天皇自身を指すものとされる。日本での天朝は天子の朝廷の意と天子(天皇)そのものとの両様の用法があり、天子の朝廷に限定される中国との大きな違いを見せる。日本では後世、天皇のことを天子様とか天朝様と呼称したように、天朝と天子とが混然と一体化した形で使用された。こうした両国の相違の原因については別に検討を要しようが、中国から導入された天朝という概念が、日本の実情に合わせて変化したことだけは間違いない。

　そんな天朝という用語の初見は、先に見たように律令国家完成期の八世紀初頭のことであった。この時期、日本は大天下から完全に離脱していたわけではなく、唐への入貢はその後も相変わらず繰り返された。大天下の中にいながら小天下の天朝を主張したわけで、ここでも倭王の真骨頂であるダブル・スタンダードが見事に発揮されていることが分かる。中国大陸から隔絶した東海中の日本にとり、天朝の名乗りは何らためらいを覚えるものではなかったということだ。

二つの小天下

倭の五王当時に萌芽した日本の天下観は、律令国家の誕生とともに中国とは異なる日本独自の華夷秩序を生み出した。だが日本での天下観の形成は、日本型華夷秩序の創出だけで終わったわけではない。中国を中心とした大天下に広狭二つの天下があったように、日本の小天下にも二つの天下が成立したからである。

例えば『日本書紀』孝徳紀の白雉《はくち》元年(六五〇)二月条に、穴門国《あなとのくにのくにのみやつこのおびと》国造首が白い雉《きじ》を朝廷に献上したところ、瑞祥だとして「天下に大赦」し、年号を白雉に改元したとある。こうした天下への大赦は瑞祥だけでなく、天皇の即位や立太子、立皇后などの慶事の際にもなされ、天皇の慈悲深さが示された。

重要なことは、ここにいう天下が隣国や蕃国を含むあの広義の天下ではなく、あくまでも古代国家が実効支配する日本列島内の狭義の天下であったことだ。これは律令制下の被統治者を指す「天下公民」の天下も同様で、現神《あきつかみ》(天皇)のしろしめす大八洲国《おおやしまぐに》、すなわち日本列島(蝦夷地・南九州は除く)そのものであることはいうまでもない。

要するに、日本の天下には日本型華夷秩序の設定された広義の天下と、律令国家が直接支配する狭義の天下の二つがあり、本場の大天下の構図をほぼそのまま縮小した形で受容していることに気づく。この点だけを見ても、日本が中国の天下観をかなり忠実に模倣することで、大天下からの自立と王権の正当化を図っていたことが理解できるだろう。

日本の天下が中国をモデルに形成された以上、やがて倭王が天子号あるいは皇帝号を僭称するのも、自然な流れであったといえる。倭王の各種の称号について、『養老令』「儀制令」天子条（現存しないが『大宝令』「儀制令」天子条もおそらく同内容であったろう）は次のように述べる。


天子。祭祀に称する所。

天皇。詔書に称する所。

皇帝。華夷に称する所。

陛下。上表に称する所。太上天皇。譲位の帝の称する所。乗輿。服御《ふくご》（天子の用いる衣服・車馬など）に称する所。車駕。行幸に称する所。


天朝の名乗りもさることながら、本来蕃王には許されない天子と皇帝の称号を、何の迷いもなく堂々と自称していることは、絶域の朝貢国である日本の地の利を生かした独りよがりの所為でもあった。唐がこの事実を容認することは絶対にあり得なかっただろう。日本もまた隋のときのように、あからさまに公言することはなかった。大天下の中での東夷の立場に甘んじながら、唐のあずかり知らぬところできわめてしたたかに、日本は日本で独自の天下を築き上げたのである。

第六章　東アジアの天下システム──唐

天可汗

日本の小天下が完成するよりも早く、中国では北朝から出た隋が南北朝を統一し、久方ぶりに一つの天朝、一つの天下からなる本来の中華王朝を回復させた。この隋と続く唐(六一八〜九〇七)とをあわせて、一般には隋唐帝国と併称する。ただし領域的には唐の方が格段に広大であり、その積極的な対外拡張策と相俟って、唐は有史以来最大の版図を擁してユーラシア大陸東部に君臨した。

これより以前、分裂していた中華の地が統一に向かいつつあった六世紀後半、モンゴル高原から中央アジアにかけて一大遊牧国家を築き上げたのがチュルク系民族の突厥《とっくつ》である。だが突厥は内紛が絶えず、五八三年には隋の征討を受けて東西に分裂し、東突厥は隋に下って臣従した。隋末の混乱期に勢力を盛り返し、唐の建国を支援したこともあったが、傘下の鉄勒《てつろく》諸部の反乱と唐の第二代皇帝太宗李世民（在位：六二六〜六四九）の攻撃を受け、東突厥は六三〇年に滅亡、いわゆる突厥第一帝国は崩壊した。

これ以後、六八二年に東突厥が復興して、突厥第二帝国が誕生するまでの五十余年間、唐の北方ではわりと平穏な時間が過ぎ去って行った。入朝した鉄勒諸部は太宗に可汗《カガン》の中の最高の可汗である「天可汗《テングリ・カガン》」の尊号をたてまつり、臣従の姿勢をより鮮明にした。太宗は中華の天子であると同時に遊牧民の首長ともなり、まさに中華と夷狄に君臨する唯一無二の帝王として盛名をとどろかせたのである。

内属した異民族に対し、唐は漢代以来の伝統的な手法で支配を行った。羈縻《きび》政策と呼ばれるもので、羈縻の羈とは馬の轡《くつわ》をとめるためのおもがい、縻とは牛の鼻綱のことを意味する。牛馬を繋ぎ止めて放さぬように、異民族の部族長に唐の官職を与えて懐柔し、彼らを通して異民族全体を間接的に支配しようというものであった。

羈縻州の拡大

具体的には、異民族の部落に都督府や州・県を設置するとともに、部族長を都督や刺史・県令に任命して自治を許したことである。これらの府州県は国内のそれと区別して羈縻州と総称され、唐の盛時には八百以上を数えるにいたった。彼らを監督する機関として要地には都護府が置かれ、漢人の官吏が都護に任じられて辺境の軍事と政治を統括した。設置の時期は前後するが、安東、安北、単于《ぜんう》、北庭、安西、安南の六つの都護府は特に「六都護府」と呼ばれ、唐中期までの辺境支配の中枢機関として重要な役割を果たした。

羈縻州は東突厥の故地だけではなく、古代の東胡の後裔だとされる契丹《きったん》や奚《けい》などの東北の諸民族の地にも設置された。契丹の地には松漠都督府、奚の地には饒楽都督府が設けられ、東北方面の軍事的拠点である営州（遼寧省朝陽市）には東夷都護府が置かれて契丹と奚の羈縻州を管轄した。のちに強力な勢力を築いて宋と対峙する契丹も、当時はいくつかの部族に分かれて唐に内属しており、いまだ中華王朝にとってそれほど大きな脅威とはなっていなかった。

一方、西方に向かっては六三五年の吐谷渾《とよくこん》の攻略を皮切りに、六四〇年にはトルファンの漢人国家高昌国（四六〇〜六四〇）を滅ぼし、当地に安西都護府を置いて西州等の羈縻州を治めさせた。六四八年にはさらに西方の亀茲《きじ》（クチャ）を征服し、安西都護府をその地に移したほか、焉耆《えんき》（カラシャフル）、亀茲、于闐《うてん》（ホータン）、疏勒《そろく》（カシュガル）などのいわゆる「安西四鎮（四都督府）」を組織して、タリム盆地全域を支配下に置いた。すべて太宗時代のことである。

その後、遊牧民との一進一退の攻防を経て、太宗の死後の六五七年に中央アジアの西突厥を滅ぼすと、その旧領に新たに羈縻州を編成して唐の領域をさらに拡大した。今やユーラシアの東端から西はアラル海にいたる広大な面積を持つ、古今未曾有の中華帝国が出現したのである。

太宗の息子高宗（在位：六四九〜六八三）の偉業とされるが、実際にはすでに天可汗李世民の時代にその基礎が築かれていたといってよい。天可汗の威名は、単に鉄勒だけでなくはるか西方にも鳴り響いていたといわれる。

天可汗の華夷観

唐王朝は国内に多くの異民族を抱える多民族国家であった。しかも鮮卑族拓跋国家である北朝の後継王朝であり、もともと夷と華の両様の性格を持つことが、唐王朝の世界性と多様性をいっそう高めることになった。何よりも唐の帝室自体が胡漢融合のたまものであり、太宗の家系の隴西《ろうせい》の李氏は漢化した鮮卑だといわれるし、祖母は匈奴系の独孤《どっこ》氏、母の竇《とう》氏も匈奴の流れを汲む費也頭《ひやとう》と鮮卑の血を引く胡族系の女性であった。

こんな出自である太宗の華夷観は、臣下に語った次の言葉からもうかがえる。

昔からみな中華を貴んで夷狄を賤しんでいるが、ひとり朕だけは華も夷も同じように慈しんでいる。だから夷狄の部落の誰もが朕を父母のように頼るのだ。（『資治通鑑』巻一九八）

この言葉から推察できるのは、太宗も華と夷とを明確に区別している事実であり、さらにいえば自己を華とする強烈な優越感であろう。夷狄との民族的・文化的相違に由来するこの優越感は、他方で彼ら夷狄を徳化するのは中華の天子たる自分の責務だとの強い気概と表裏する。彼はまた次のようにも述べる。

夷狄もまた人である。その情は中華と異なるものではない。人主たる者は、夷狄に徳沢が加えられないことを憂えるのであって、異類だからといって疑ったり嫌ったりする必要はない。思うに、徳沢が行き渡れば四夷を一家のようにすることもできるし、逆に疑い嫌う気持ちが強ければ肉親であっても仇敵となることをまぬかれまい。(『資治通鑑』巻一九七)

太宗李世民(天可汗)(宮崎市定『世界の歴史7 大唐帝国』河出書房新社より)

徳でもって四夷を一家にするとは、天下一家を実現することに他ならない。夷狄から天可汗と慕われる太宗が、天下一家も夢ではないと考えたとしても、決して不思議ではなかろう。彼は徳治と礼治に絶大な信頼を置いていた。いや、徳治と礼治に頼らざるを得なかったというべきか。なぜなら、多民族複合国家の唐をまとめていくには、民族や地域を超えた普遍的な価値観、すなわち徳治主義と礼治主義の方針を前面に打ち出すしかなかったからである。

加えて、彼には有徳の天子の形象を作らねばならない特殊な事情もあった。それは彼が実の兄である皇太子李建成と弟李元吉を殺害し（玄武門の変）、父の高祖李淵から強引に皇位を奪ったという、おのれの過去に対する負い目に起因する。内政の充実につとめ、後世「貞観《じょうがん》の治」と称えられる安定した時代を現出したことはもちろん、外政面での積極策もそうした彼の個人的な事情と無縁ではない。

ともかく彼は、天命を受けた有徳の天子を演じ続ける必要があった。多くの夷狄が彼のもとになびき、彼の徳を慕って来朝するような、まさしく天朝の大国を作り上げることで彼の地位は正当化されたからである。

三層の天下

唐の版図は太宗から高宗の時代にかけて最大限に拡大し、五服図さながらに唐を中心とした大天下を現出した。今その構図を示せば、大きく次の三層に分けられよう。

まず第一層は天下の中心部、すなわち唐が実効支配する州県制のしかれている領域。唐は太宗の貞観元年（六二七）に全国を十道に分け、玄宗（在位：七一二〜七五六）のときにはさらに十五道に増やして各道に監察官の採訪使を配置した。だが道は監察区画であるため、地方行政区画としては三百五十余の州（重要州は府とされる）とその下に千五百余の県を置き、中央から官僚を派遣して直接統治を行った。この範囲がいわゆる伝統的な「九州」であり、「中華」あるいは「狭義の天下」に当たる。

その周縁に広がるのが第二層の羈縻支配の地域である。そこには中華の地にならって州県が置かれ（ただし羈縻州）、現地の異民族がそのまま官に任じられて、彼らを通して間接統治が行われた。首長には都督や刺史などの内臣の官職が与えられ、唐への朝貢や軍事的協力が課せられたが、住民には唐への納税の義務はなく、ほぼ自治が行われていた。その意味では、羈縻州は華に準じた夷の地域、つまり華と夷の中間に位置づけられていたといえるだろう。

一番外側の第三層は純粋な夷狄の地であり、この地の諸国・諸民族とは朝貢による繫がりがあるだけであった。古くから中華王朝の冊封国であった朝鮮三国に対しては、唐は新羅を支援して六六〇年に百済を攻略、続いて六六八年には高句麗を滅ぼして、新羅による半島統一への道筋をつけた。

しかし唐は百済と高句麗の故地に熊津《ゆうしん》都督府や安東都護府などを置いて、朝鮮半島の羈縻支配を目論んだため、新羅の反発を買って両国の間に戦闘が起こった。やがて西方で強大化した吐蕃《とばん》への対応に追われて唐は半島から撤退し、数世紀にわたる朝鮮半島の三国鼎立状況は新羅によって統一される。六七六年のことである。のちに統一新羅は唐との関係を修復し、唐の冊封国として九世紀後半まで朝貢を続けた。

一方、高句麗の故地を含んだ中国東北部からロシア沿海州にかけての地には、高句麗遺民や靺鞨《まっかつ》族によって渤海(六九八〜九二六)が創建され、唐に朝貢すると七一三年にその王大祚栄《だいそえい》は渤海郡王として冊封された。渤海はのちに契丹によって滅ぼされるまでの約二百年間、頻繁に使節を派遣しては唐の制度や文化の摂取につとめ、東方の大国として繁栄したため、唐によって「海東の盛国」と称えられた。

この渤海と新羅のはるか東方の海上に浮かぶ島国が日本であり、東アジアの東端に位置する絶域という地の利を得て、冊封を受けないまま朝貢を繰り返したことは先に見たとおりである。

天朝の盛時

新羅、渤海、日本などの東アジア諸国とは別に、東南アジア地域からの朝貢も絶えなかった。すでに唐の初めから盛んに来貢した林邑《チャンパ》(ベトナム南部)や真臘《カンボジア》をはじめ、盤盤《バンドン》(タイ南部)、堕和羅《ドゥバラバティ》(タイ南部)、室利仏逝《シュリーヴィジャヤ》(マレー半島からスマトラ島の一部を支配)などのほか、南天竺、中天竺などのインド諸国、大食《タージー》(アラビア)、波斯《ペルシア》などの西アジア諸国からも、引きも切らさず商旅団が朝貢使節として来朝した。

あらためていうまでもなく、周辺諸国は決して唐の天子の徳を慕って来朝したわけではない。そこにはさまざまな思惑が働いていた。日本のように唐の先進文化を積極的に吸収しようとした国もあれば、新羅や渤海のように文化面での摂取とは別に、唐の軍事的脅威に対する安全保障の面から進んで冊封を受けた国もあった。また東南アジア・南アジア・西アジア諸国のように、貿易の利益を求めて来朝した国も少なくなかった。

こうした思惑の違いはあるものの、唐からすれば朝貢国の増加は天子の徳化の証しであり、朝貢使節の相次ぐ来朝は歓迎すべきことであった。ことに朝貢という政治的行為が、中華皇帝と蕃王との君臣関係を確認する儀礼である以上、唐が諸蕃国の来朝を内外に向かって喧伝したのも当然である。

元来、中華帝国は自王朝の正当化のためにも、天朝の盛時を可視化する必要があった。天朝(天子)の権威があまねく天下に行き渡り、君臣秩序が貫徹していることを、人々の眼前に絶えず示すことが求められていた。歴代の王朝が苦心したのもその点であり、さまざまな装置や工夫を凝らして荘厳な儀礼が挙行され、君臣秩序の貫徹と君臣和合の情景が現出された。そんな中でことのほか盛大に実施されたのが、唐代に完成を見た元旦の元会儀礼である。

元会儀礼

元会儀礼とは、唐の都長安の太極宮太極殿とその殿庭で行われる皇帝への新年の拝賀儀礼である。参列者は九品以上の中央官、並びに朝集使等の地方各州からの代表団（羈縻州からの代表団も含む）、そして外国の使節団（蕃客）からなり、参列者だけで数千人、儀仗兵や楽団員を合わせると一万人以上にのぼる大規模なものであった。この儀礼を通じて天子を頂点とする天朝の権威が参列者たちに明示され、天子（皇帝）と臣下との君臣秩序が再確認されることになる。

儀礼は大きく朝儀と会儀に分かれ、朝儀では礼服である袞冕《こんべん》を纏《まと》った皇帝が宮殿に出御すると、参列者が賀詞や瑞祥を奏上したり、地方各州と朝貢使節団が貢献物を仰々しく納めたりした。朝儀に続くのが第二幕の会儀であり、皇帝は通天冠と絳紗袍（深紅の絹衣）に着替えてあらためて出御し、皇帝の長寿をことほぐ上寿酒礼がまず行われる。それが終わると参列者に飲食が供せられ、荘厳な音楽や芸能でもてなす饗宴がもよおされた。つまり、元会儀礼は朝賀と饗宴の二種の儀礼からなり、君臣秩序と君臣和合を可視化することで天朝の安定が図られたのである。

儀礼の最中、参列者は節目ごとに典儀の掛け声に合わせて一斉に俛伏《ふふく》（腰を折って頭を下げる）、興（身を起こす）、跪《き》（ひざまずく）などの所作を行い、舞踏・再拝や万歳斉唱をして、皇帝の恩恵に対する感謝の気持ちと臣従の意思を表現した。これらが数千人規模でなされたのだから、儀礼の様はさぞ圧巻であったろう。朝貢使節たちもこの儀礼に参加して、帝国秩序の末端に連なっていることを実感し、感激したに違いない。天朝の盛時は大掛かりな装置とともに、参列者の心の中に深く刻まれたはずである。

君臣秩序と宗法秩序

繰り返せば、唐の天下は中心部から周縁部に向かって三層の構造で成り立っていた。その三層の中にいる者は、すべて天子の臣下とみなされ帝国秩序の形成にあずかった。だが厳密にいえば、この三層中に含まれない国も当然ながら存在した。なぜなら三層の天下とは、あくまでも唐が主観的に設定したものであり、唐に朝貢しない諸国・諸民族はその天下から除外されたからである。

じつは天可汗の時代を過ぎやがて八世紀の声を聞く頃から、三層の天下の外で唐に臣従しない国がいくつも台頭してくる。それは東アジア諸国と異なり、唐の北方・西方で遊牧や農耕を営む諸民族によって樹立されたものであった。これらの国は唐と交流がなかったわけでは決してない。唐に勝るとも劣らぬ軍事力を持っていたため、唐が君臣関係を適用できなかったというのが実情に近い。

中国と力関係が対等な国のことを敵国という。匹敵の敵である。唐の敵国としてまず挙げるべきは吐蕃（七世紀前半〜九世紀中頃）であろう。現在のチベットに初めて成立した統一国家、それが吐蕃である。唐は吐蕃と七〇六年以来、何度も会盟を重ねて国境を画定したが、その間に唐は吐蕃に公主（皇帝の娘）を降嫁し、唐の皇帝と吐蕃の国王とを舅《しゅうと》と甥《むこ》の関係とした。両国の関係を親族内の上下秩序で表現したのである。本書では家族の上位集団の宗族《そうぞく》（男系親族）の規則（宗法《そうほう》）にちなんで、これを宗法秩序と呼ぶことにしよう。

ラサの唐蕃会盟碑（石濱裕美子著，永橋和雄写真『図説チベット歴史紀行』河出書房新社より）

　こうした宗法秩序に基づく国際秩序の設定は、吐蕃以外にもあった。復活した突厥（突厥第二帝国）の可汗と中国皇帝との間に、七二一年に父子関係が結ばれたのもその一つである。もちろん中国が父、突厥が子の上下秩序である。このほか突厥に代わって台頭した同じくチュルク系のウイグルとも、七五七年に兄弟関係を約したりした。強大な遊牧諸国家に対し、唐は絶対的な君臣秩序と異なる相対的な宗法秩序を用いて、上下関係を規定したといえる。

天下一家の可視化

重要な点は、唐が適用した宗法秩序には特別の意味が込められていたことだ。開元二十一年（七三三）、唐は吐蕃と国境を画定して赤嶺（青海省青海湖東部の日月山）に会盟碑を建てたが、そこで強調されたのが唐と吐蕃とが一家になったという事実である。

舅《しゅうと》（唐）と甥《むこ》（吐蕃）はその旧好を修めて同《とも》に一家となる。（『日知録』巻二十七、杜子美詩注）

舅甥関係にある唐と吐蕃が一家だということは、父子関係にある唐と突厥も一家であり、同じく兄弟関係の唐とウイグルも一家ということになる。

安禄山・史思明の乱（安史の乱。七五五〜七六三年）の際、ウイグルの援助を得た唐の粛宗は、息子の広平王李俶（のちの代宗）とウイグル可汗磨延啜《モユンチュル》の息子葉護《ヤブク》とに兄弟の約を結ばせ（兄弟関係の成立）、磨延啜には実の娘の寧国公主を降嫁させた。このとき使者として公主に同行した李瑀《りう》は、ぞんざいな態度をとるウイグル可汗に向かって次のように一喝したという。

可汗は唐家の天子の女婿となられたからには、当然礼儀をわきまえるべきであります。座

して詔命を受け取るとは何事でありますか。(『旧唐書』回紇伝)

華と夷の広義の天下を皇帝の家である唐家に見立て、唐家の婿となった磨延啜に対して、舅の粛宗を敬うよう起立拝命を命じたのである。

つまり、唐は突厥、ウイグル、吐蕃等の遊牧諸国家(吐蕃もひとまず遊牧国家に含めておく)と一家になったのであり、それはとりもなおさず天下一家のもとでの個別の序列が、舅甥、父子、兄弟等の宗法秩序であったことを意味しよう。

この秩序の前提となるのが、いうまでもなく広義の天下一家観である。唐と遊牧諸国家の間に仮構の天下一家を想定し、唐の天子と蕃王とを家族になぞらえ、両者の関係を規定する。それはまた天朝の究極の理念である天下一家の形象を、眼前に広がる華と夷の広義の天下に可視化することでもあった。本来、君臣秩序の適用できない遊牧諸国家を天下一家の概念で絡めとり、天朝の論理に組み込んだのが宗法秩序であったとみなせよう。

君臣秩序の機能する天下と宗法秩序の実現した天下。もともとこの二つの天下は同時に出現するものではない。にもかかわらず、唐はそれぞれの天下に唐を中心とした上下秩序を設定し、二つの天下を現出して見せた。いわば次元を異にする二つの天下を使い分けることで、天朝の天下統治を正当化したのである。唐にとってきわめて好都合な解釈がなされていることが分かるだろう。

東アジアの小天下

ここで再び東アジア諸国に目を転じてみよう。

中華王朝の圧倒的影響力のもと、自律性と主体性を強めていった東アジア諸国だが、それを支えたのが王権の強化と各国独自の天下観であった。日本の天下観については先述したが、他の東アジア諸国、例えば高句麗をはじめとする朝鮮三国にも固有の天下があり、自国の天下の中で王権の確立が図られた。こうした天下観は、その後各国の伝統的な天観や中国との関係如何にも影響されながら、時代とともに独自の変化を遂げていく。

統一新羅やその北隣の渤海にも、自国を中華とする華夷思想があり、なかでも新羅は観念的には日本や渤海を蕃国視していたことはよく知られている。なるほど新羅は六五〇年以来、唐の年号を用いて大天下の中で事大を掲げたため、天朝の名乗りは行わず、自国の天下を公言することもなかった。だが、新羅が潜在的に天朝の意識と固有の天下観を保持していたことはまぎれもない事実であり、自国中心の華夷思想もそんな天下観に由来する。

それは新羅に代わった高麗(九一八〜一三九二)も同様である。第四代国王光宗(在位:九四九〜九七五)の時代、王は高麗国内では皇帝あるいは天子と称し、中国皇帝を真似て王の命令を

「制」とか「詔」と呼んだという。九五〇年に高麗独自の年号を制定すると、九六〇年には王都開城を皇都と改称し、皇帝の都に相応しい都市づくりを推進した。当時中国は唐が滅んで五《ご》代十国《だいじっこく》の分裂期に突入しており、その混乱に乗じて高麗の小天下が頭をもたげ、天朝の意識が顕在化したのだろう。

また高麗では毎年の十一月中旬、王都開城で八関会《はっかんえ》と呼ばれる仏教節会《せちえ》と収穫祭を合わせた国家的祭祀が行われ、創業者の太祖王建(在位：九一八～九四三)を奉祀して国家の基盤強化が図られた。この祭祀には高麗の官人以外、宋商、女真人、日本人、耽羅(済州島)人らも参加し、貢物を献上しては臣従の姿勢が示された。王の徳化と夷狄の慕化が演じられたわけで、まさしく高麗固有の天下秩序を可視化したものだとみなせよう。

大天下のもとで自国の天下を法的に整備したのは律令制下の日本だが、日本以上に大天下と小天下をたくみに使い分けたのが、少し時代は下るが周辺に覇を唱えた南の中華・ベトナム(大越)である。

漢代以来中国の支配下に置かれていたベトナムが、やっと独立したのは唐滅亡後の十世紀半ばのことであった。以後、ベトナムは一時期中国に併合されることはあっても、基本的には独立を維持して近代にいたる。この間、中国に対しては終始忠実な朝貢国として振る舞う一方、国内では中国(中華)の自称や皇帝ないし天子号の使用、さらには独自の年号の制定のほか、周辺の占城《チャンパ》や暹羅《シャム》・爪哇《ジャワ》などを朝貢国とするベトナム固有の天下を築き上げた。中国を北朝、自国を南朝と呼んだのも、そんなベトナムの南の中華としての自信と矜持に他ならない。

天下と天下の競合

以上のように、東アジア諸国はいずれも固有の天下を持っており、その天下にあって自国は常に中華であった。中華である以上、もちろん他国は夷狄であり、自国は華夷秩序の上位に立つことになる。それゆえ複数の天下が競合する東アジアでは、国家間の交流に際して中華同士の上下関係の調整を必要とした。いずれが上位であるかは国の威信にかかわり、ひいては王権の正当性にも影響を及ぼしたからである。

この場合、中国との関係はしごく単純である。中国を中心とした大天下に参加して華夷秩序を受容するか、あるいはのっけから拒絶して大天下に参加しないか。参加すれば当然、中国の華夷秩序の中で行動せざるを得ない。たしかに隋に朝貢した倭国のように、対等な交流を求めた国もあるが、唐代にはそうした事例は見当たらない。むしろ東アジア諸国は唐の朝貢国として、大天下の秩序の中で互いに上下の序列を競い合った。玄宗の天宝十二載(七五三)元旦、都の大明宮含元殿での朝儀で、日本が新羅と席次を争った争長事件はその典型である。

大天下の中では大天下の秩序に従った朝貢国だが、逆に大天下の秩序が朝貢国の内部にまで貫徹していたかといえば、必ずしもそうとはいえない。新羅や高麗のように大天下の秩序を基本的には順守した国がある一方、先述した日本やベトナムのように、大天下の君臣秩序に対して決して従順ではない国も存在した。自国の小天下に固執した両国に対し、中国側ももはや大天下の秩序を強制することはなかった。朝貢国の自主性を黙認したわけで、そこに朝貢国のダブル・スタンダードを可能にする大きな根拠がある。

天下観の競合・対立は中国と朝貢国との間だけでなく、同じ朝貢国相互の間にも認められる。日本と新羅の関係でいえば、日本は新羅を蕃国すなわち朝貢国とみなして上表・称臣を要求したのに対し、新羅もまた観念的には日本を下位の国と位置づけていた。実際には新羅は唐の脅威から対日協調外交をとり、日本の下位に甘んじることが多かったのだが、それでも上表・称臣することは最後までなかった。

だが日本は上表・称臣は叶わずとも、皇帝然として慰労詔書を用いて朝貢国として処遇し、自国の優位性を担保して自尊心を満足させた。かたや新羅は臣下の証しである表は決して用いず、それ以外の文書を送ってつとめて対等な関係を築こうとした。一般論的にいえば、日本は自国の小天下で新羅を蕃国＝朝貢国ととらえ、新羅もまた日本を対等視して（心底では蕃国視して）自国の小天下の枠組みを保障した。同じ事実を双方向から別個に解釈することで、二つの中華の衝突を回避したのである。いわゆる解釈の非対称性である。

天下システムの完成

唐代の東アジアを俯瞰したとき、唐を中心とした大天下と唐の周りを取り巻く周辺諸国の小天下が、有機的に結びついていることに気づくであろう。かつて一世を風靡した西嶋定生氏の冊封体制論はこのうちの大天下に着目したもので、唐と周辺諸国との冊封・朝貢関係から、東アジア世界の構造的理解をめざすものであった。大天下のもとで周辺諸国は唐の朝貢国となり、大天下の華夷秩序の中に自国の立ち位置を確保した。冊封体制論が中国中心史観だといわれるのも、そのモデルが大天下である以上、ある意味当然であったろう。

いったい、大天下と小天下とは華と夷からなる同型構造であり、小天下は大天下のミニチュア版だといってよい。そんな同型構造の基本的枠組みを提供したのはもちろん中国であり、周辺諸国はそれに倣って国家建設を進めたため、中国と非常によく似た中央集権国家を東アジアに誕生させることになった。構造を同じくする天下観、その中での華夷秩序、天朝、天子、皇帝、朝貢、年号等々の概念(制度)が、ほぼそのままの形で東アジア諸国に移入された。

これらの概念はすべて天下という場において初めて成り立つもので、天下と不即不離の関係にある。だが華夷秩序を除けば、他の概念は各国の事情に応じて発現の仕方もさまざまで、どの国にもひとしく現れたわけではない。中国から比較的遠方の日本やベトナムが、ほぼすべて

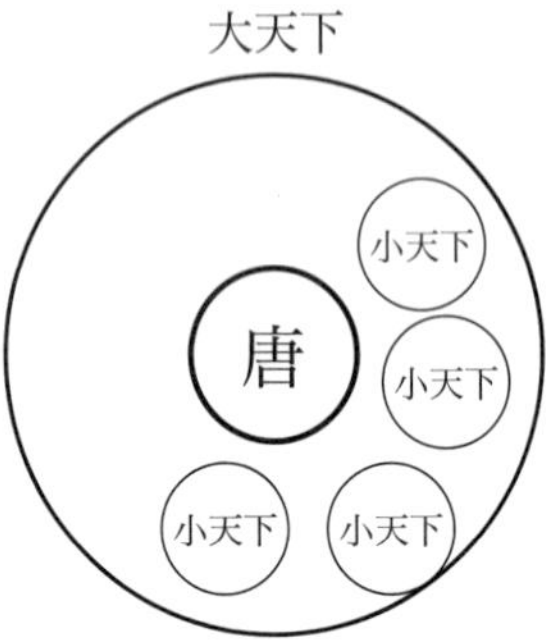

天下システムの概念図

を小天下で再現し小帝国の様相を呈したのに対し、隣国の新羅や高麗あるいは渤海などは大天下に寄り添ったため、これらの概念が小天下で表面化することはほとんどなかった。あくまでも潜在的要素として存在したにすぎない。

とはいえ、各国が独自の天下観を保持していたことは間違いなく、自国の天下を度外視した国と国との交流などあり得なかった。周辺諸国の大天下に対する天下観の使い分けはもちろん(ダブル・スタンダード)、他国の小天下と競合したときにも、自国中心の意味づけを相互に行い自国の天下を保障した(解釈の非対称性)。それがまた、結果として天下同士の正面衝突を回避させる働きをしたことは否めない。天下という観念は競合性を持つと同時に、国家間の緩衝剤的役割も果たしたといえる。

東アジアの外交の場では天下と天下がしのぎを削る一方、成立した国際秩序にはきわめてファジーな部分も残されていた。このファジーさこそが東アジアの特徴であり、これによって天下と天下の対立がほどよく調整されていた。東アジアのこうした国際政治システムを、一極・一元的な冊封体制という概念でとらえるには、どうしても無理がある。冊封(朝貢)関係をも包含する大天下と中国の周縁にある複数の小天下が、天下観念を媒介に有機的にゆるやかに連結した政治システム。ここではそれを「天下システム」と命名することにしたい。それはまた十世紀以降、多極化・多元化を強める東アジア世界を理解するうえでの新たな視座となるはずである。

天朝体制と天朝の論理

東アジアの天下システムがいつ形成されたかは、各国の天下観の成立事情も異なり不明な点も多いため、一概に断定することはできない。なるほど、中国の周辺諸国に天下観念の萌芽が見られるのは四、五世紀のことだから、すでにその頃には存在していたといえばいえるかもしれない。ただし、それが大天下と小天下で成り立つ明確な政治システムとして機能しだすのは、やはり中国に大統一国家である唐が誕生し、周辺諸国も王権を中心に集権体制を確立する七、八世紀になってからのことである。

この時期は東アジア諸国とは別に、唐の西・北方にも多くの遊牧諸国が台頭し、明らかに唐の脅威になりつつあった。唐はこれら諸国との間に宗法秩序を設け、天下一家の形象を作り出すことで、かろうじて国際秩序を維持したことは先に見た。もともと君臣関係を適用できない遊牧諸国家を、天下一家の宗法秩序を通して大天下の中に矛盾なく包摂したのである。

だが、安史の乱を経た八世紀半ば以降になると、遊牧諸国家はいっそう強大化して唐との対峙性を強め、唐の実効的支配領域をしだいに狭めていく。その延長上に多極・多元的構造の常態化という厳然たる事実があるのだが、この点については章をあらためて論じることにしよう。

ここで重要なのは、南北朝を統一した隋の継承国家としての唐の天下統治のありようである。唐は東アジアの大天下では、天子の「徳化」と夷狄の「慕化」を表す冊封・朝貢の君臣秩序を機能させ、遊牧諸国家には擬制的家族関係＝宗法秩序を適用して、「天下一家」の可視化を実現した。本来、大天下の埒外にある遊牧諸国家を、「有徳君民（徳のある者が民の君となる）」の天朝の論理で読み替えて、唐を中心とした天朝体制の中に見事に位置づけたのである。

唐の天朝体制へのこだわりは、じつは別の面にも認めることができる。例えば唐代の華と夷の関係は、なにも国家間の使節の往来だけに限られるわけではない。民間でもすでにこれ以前から外国商人（蕃商）が陸路を通じて唐に到来し、さかんに交易を行った。唐と彼ら蕃商との交易は、たとえ唐側に利益をもたらすものであっても、建て前はあくまでも有徳の天子の蕃夷に対する恩恵のたまものであった。

こんな唐側の姿勢は海路を通じて到来した蕃商に対し、とりわけ端的に示された。七、八世紀の頃から、アラブ・ペルシアのムスリム商人が唐に頻繁に来航したことはよく知られている。唐は広州に市舶司を置いて貿易を管理し、当地にはムスリム商人の居留区である蕃坊も設けられて、そこでは自治が許された。海外貿易は時代とともに発展の一途をたどり、宋代になると高麗・日本・東南アジア地域に中国海商が赴いたほか、多くの蕃商が中国の貿易港に来航しては活発な交易を展開した。

興味深いことには、唐は蕃商を天子の徳を慕って来朝した蛮夷とみなし、朝貢使節さながら天子への進奉物(貢納品)を納めさせて、滞在中には手厚く遇したのである。こうした扱いは宋代も同様で、蕃商の帰国時には地方官が宴席を設けて慰労し、蕃商に向かって天朝の恩恵を示すのが常であった。つまり、蕃商の天朝に対する「慕化」と天朝の「施恩」が交易の場で儀礼化されたわけで、経済的行為である貿易活動(当時の用語でいう「互市《ごし》」)ですら、天朝の礼治体系の中に組み入れられていたことが知られよう。

交易の儀礼化

以上のような天朝と蕃商の構図は、ほぼそのままの形で東アジア諸国にも移入された。山内晋次氏の整理によれば、東アジア諸国での海商の来航時の状況は、おおよそ次のようにまとめることができる。

まず日本だが、宋の海商が博多港に到着すると、大宰府の官が京の朝廷へ来航を報告し、海商のもたらした「貨物《かぶつ》(貢納品)」と「和市物《わしぶつ》(交易品)」のリストも呈上して、貿易と滞在の可

鴻臚館跡の展示(写真，福岡市提供)

否について朝廷に伺いを立てる。許可がおりると、海商は帰国まで大宰府にある鴻臚館《こうろかん》と呼ばれる外交施設に宿泊し、役人の監視の下に交易を行った。この間、朝廷は唐物使《からものつかい》を派遣し、経巻や薬品・香料などの高級品を優先的に買い上げ、残った商品についてのみ海商の自由裁量による取り引きを許可した。

このとき海商は交易に先立ち「貨物」を献納したが、これは天皇への朝貢品的な意味合いを持たされていたといわれる。天皇によって徳化された蛮夷がその徳を慕って来航し、天皇の恩恵をこうむって交易を許されるという構図である。そのため海商は鴻臚館滞在中は一切の費用が免除され、国の客人として鄭重に遇された。つまり、日本でも海商の私的な交易が儀礼化されるとともに、有徳の天皇の施恩のたまものとみなされていたわけだ。

これは高麗も変わらない。来航した海商は高麗の役人の出迎えを受け、宿泊する客館が決まると、都の開京(開城)の長齢殿という宮殿で高麗国王に進上物を献上して、それに数倍する額の返礼を受け取った。海商の来航は高麗国王の徳化が海外にまで及んだ証しであり、王の徳を慕う蛮夷の慕化の行動に見立てられていた。まさに朝貢国の増大が中華王朝の盛時を象徴していたように、海商の来航には高麗国王の徳を称揚する役割が与えられていたのである。

そもそも、大天下と同じ構図が小天下にも出現し得たのは、日本を含む当時の東アジア諸国が共通して天朝の意識を保持していたことによる。たとえ高麗のように天朝を公言しなくても、自国を天朝(中華)とみなして周辺に夷狄を配置するのは、当時の東アジア諸国の通念であった。海商の来航時の儀礼は、そんな東アジア諸国の天朝意識に基づく王権正当化の措置だと理解してよい。

何度もいうが、東アジアには大小合わせて複数の天下が存在し、その天下が有機的につながることで政治システムとしての天下システムを形成した。なるほど、このシステムを支えていたのは、先述したように各国独自の天下観念であったかもしれない。だが、その観念の根底にあるのはこれまた各国の天朝意識であり、これらの観念や意識が大天下と小天下および小天下相互の調整を行いつつ、全体として東アジアのゆるやかな国際秩序を形作っていた。筆者がファジーだと述べたのは、このような国際関係のありかたそのものである。

やがて東アジアに従来とは異なる新たな勢力が誕生し、本場の大天下に向かって天朝を主張しだしたとき、東アジアの国際秩序には当然動揺が走ることになる。かつて大天下が分裂の局面にあった南北朝時代、中国国内には二つの天朝が相対峙した。今回の事態はそれとはまったく様相を異にする。中国の大天下とは別に夷狄の地に大天下が出現し、華と夷の天朝同士が中華の地で抗争を始めたのである。中華王朝にとって古今未曾有の大事が、唐の滅亡と同時に今まさに出来《しゅったい》しようとしていた。

第七章　天朝の行方――五代十国・宋・遼・金

契丹と沙陀

安史の乱は東アジアの国際情勢に大きな地殻変動をもたらした。唐の権威が大幅に失墜する一方、乱の鎮圧に協力した北方のウイグルが勢力を増し、また西方の吐蕃も乱の末期に一時長安を占領するなど、唐、ウイグル、吐蕃の三国鼎立状況が常態化したからである。この間、三国相互の利害調停は会盟によってなされ、それぞれ停戦協定を結んで国境を定めたり、それを記念して会盟碑を国境付近に建てたりした。十世紀以降顕著になる東アジアの多極的・多元的構造の原型は、すでに安史の乱後の唐を取り巻く国際情勢に求められねばならない。

ただし、三国鼎立状況は長続きをせず、九世紀半ばにまずウイグルが天災と内紛で滅亡し、吐蕃王国も王室の内紛や国内の反乱で九世紀半ばに瓦解したため、最終的に生き残ったのは天朝を唱える唐であった。その唐も各地に跋扈する節度使(軍団の司令官。藩鎮ともいう)の専横に悩み、実効的支配領域も限定されて国内統治もままならぬ状態に陥っていく。やがて八七五年に勃発した黄巣の乱でほとんど止《とど》めを刺された唐は、ダッチロールさながらに統御能力を失い、九〇七年に滅亡の時を迎えるのである。

時あたかもモンゴル高原東端のシラムレン川流域を拠点に、一人の英雄が登場してくる。英雄の名は耶律阿保機《やりつあぼき》(在位：九〇七~九二六)。彼は契丹(キタイ)諸部を統一すると、唐の滅亡した九〇七年にカガン(可汗)を称し、北の地で急速に勢力を拡大していった。九一六年には皇帝に即位して契丹国を樹立、さらに九二六年には渤海を滅ぼし一気に東方に向かって領域を拡大した。

阿保機自身は渤海遠征の帰路に病没するが、中国東北部からモンゴル高原、さらに河北・山西北部を二百年近くにわたって支配する遼王朝(九〇七~一一二五)の礎《いしずえ》は、耶律阿保機によって築かれた。ちなみに今日、ロシア語やペルシア語で中国のことをキタイというが、その語源が契丹にあることはいうまでもない。英語で中国を意味するキャセイもそこから派生した言葉であり、それだけ遼王朝の存在が西方にインパクトを与えていたということだ。

こうした東方での動きとは別に、中国の西北方でも変動が起こっていた。これより以前、ウイグルが滅亡すると、配下にあったチュルク系の沙陀族が唐に接近し、その一人朱邪赤心《しゅやせきしん》は唐を助けて龐勛《ほうくん》の乱を平定した功で、大同(山西省)節度使に任じられ李国昌という漢名を賜った。

李は唐の帝室の姓である。その子が独眼竜李克用であり、黄巣の乱の鎮定で手柄を立てた彼は、河東(太原一帯)節度使と晋王の官爵を授かり、黄巣軍から寝返った開封《かいほう》の宣武節度使朱全忠と、唐末の政界で勢力を競い合った。

武勇一辺倒の李克用と異なり、謀略に長《た》けた朱全忠はしだいに李克用を孤立させ、朝廷内で実権を掌握していった。やがて朱全忠は皇帝昭宗を弑殺《しいさつ》して幼い哀帝を立てると、満を持して哀帝に禅譲を迫り、新たに梁(後梁《こうりょう》)を建国する。九〇七年のことである。だが後梁の天下も長続きせず、朱全忠はその子朱友珪に殺され、ほどなく後梁自体も李克用の子李存勗《りそんきょく》に取って代わられた。彼が唐の復興を唱えて創設したのが後唐《こうとう》である。中原には後梁、後唐に続いて後晋《こうしん》、後漢《こうかん》、後周《こうしゅう》などの五つの短命王朝が目まぐるしく興亡し、その周辺には十余りの国が誕生したことから、この時代のことを五代十国時代《ごだいじっこくじだい》と呼ぶ。

このうち後唐、後晋、後漢の三国と、後漢の残党が建国した北漢は沙陀の建てた王朝で、唐と同じく純粋な漢族王朝ではない。また後周を創設した郭威も後漢の武将であり、さらに宋の太祖趙匡胤《ちょうきょういん》も後周に仕えていたことを思えば、五代・宋の諸王朝は後梁を除けば、沙陀ないし沙陀系の王朝だといっても過言ではなかろう。九世紀半ばのウイグル滅亡の余波は、こんなところにまで及んでいたのである。

君臣の礼から家人の礼へ

唐滅亡後の十世紀前半、中国には沙陀諸王朝が、また東北・北アジアには契丹族の遼が誕生し、新興の王朝同士が長城近辺を境に南北に相対峙する局面が出現した(厳密にいえば、契丹族が遼という国号を使用したのは九四七年から九八二年までと、一〇六六年から滅亡までで、残りは契丹といった。ここでは遼に統一する)。この状況は中国国内が統一され宋が成立したのちも、ほとんど変わることはなかった。

沙陀と契丹の出会いは、後唐の河東節度使で沙陀族の石敬瑭《せきけいとう》が、九三六年に太原でクーデタを起こしたときに遡る。政府軍に攻撃されて窮地に陥った彼が、窮余の策として遼に救援を求めたのである。遼の太宗耶律堯骨《やりつぎょうこつ》(在位:九二七〜九四七)はそれに応えて援軍を送り太原を解放したため、石敬瑭は遼の庇護下で即位し後晋を建国した。これが後晋の高祖(在位:九三六〜九四二)である。石敬瑭は引き続き遼軍の力を借りて後唐の都洛陽に攻め入り、末帝(李従珂)を倒して後唐を滅ぼすことにも成功する。

だが、新王朝創建の代償は決して小さくはなかった。石敬瑭は遼に燕雲十六州を割譲し、毎年絹三十万匹を歳幣として送ることを約束していたからだ。燕雲十六州とは現在の北京・大同をふくむ河北・山西北部の地であり、これによって遼は万里の長城以南に初めて領土を獲得することになった。のちの金、元、清とならんで遼を征服王朝と呼ぶのも、中国内地の燕雲十六州を支配したことによる。この地の奪回こそが後晋以後の中国王朝の懸案事項となり、また悲願ともなっていく。

遼が後晋と交わした取り決めの中で、いま一つ忘れてはならないのが両者の名分関係である。当初、石敬瑭は遼に使者を派遣するたびに、上表・称臣することを常とした。臣下としての恭順の意を表したわけだが、太宗はかえって鷹揚な態度に出て無理強いすることはなかった。むしろ、表から書への変更と称臣しないことの許可を与え、今後は「児皇帝」と「父皇帝」の「家人の礼」で接することを求めたほどである。

君臣秩序を父子の宗法秩序に改めたのは遼側の恩情であり、決してこの措置により両者の関係が対等になったわけではない。君臣が父子に変更されても、後晋の下位の立場になんの変化もなかった。そもそも石敬瑭は十歳も年少の太宗に対し、子として仕えることを強いられたのである。どだい中国側が上位に立つ唐の宗法秩序とは、比べようもなかった。当時の両国の力関係のありようを、如実に示すものといえよう。

それかあらぬか石敬瑭を継いだ第二代少帝(在位：九四二〜九四六)が、上表・称臣せずに「孫皇帝」として家人の礼で即位を告げたところ、太宗はその非礼を責めて最後は軍を起こすにいたった。前後四年にわたる戦闘のすえ、都の開封は遼軍に落とされ(九四六年)、後晋はわずか十年余りで滅亡する。後晋にすれば遼の恩情を履き違えて、その実力を見誤ったのかもしれない。家人の礼の適用で一見対等にみえた両国関係だが、じつは主導権は間違いなく遼の手ににぎられていた。

遼の中原支配

後晋の開運四年(九四七)二月一日、前月に開封に入城していた太宗耶律堯骨は、太常(宗廟の祭祀や儀礼を担当する役所)の楽舞が演じられるなか、中華皇帝の礼服である通天冠と絳紗袍を着して正殿の崇元殿に出御した。殿庭に居並ぶ後晋の文武官僚と契丹官僚から朝賀を受けた太宗は、後晋国を改めて大遼国とすることを宣言し、元号を大同に変更した。大同とはいうまでもなく『礼記』の大同世界にちなむもので、そこには漢族と契丹、すなわち華と夷の広義の天下一家への期待が、たしかに込められていた。

おそらくこのとき太宗は得意の絶頂にあったに違いない。彼は翌月、同じ崇元殿で荘厳に執り行われる百官の朝儀を目の当たりにしながら、大満悦で左右の者に次のように語ったとされる。

漢家の儀礼や器物は、かくも盛大である。我はこの崇元殿に座ることができたのだから、

どうして真天子ではないといえようか。（『新五代史』四夷附録第一）

太宗が中原の開封を得て、中華の天子を自負していたことは明らかである。実際、中国風に遼という国号を制定したのもそのためで、あるいは彼は後梁、後唐、後晋に次ぐ第四番目の中原王朝建設の意図を持っていたのかもしれない。後晋を滅ぼした直後の太宗の言動からは、そんな彼の思惑がみえなくもない。

だが結果として、そのようにはならなかった。新任の刺史や節度使が借用と称して民間から銭帛《せんぱく》を徴収したり、また軍隊の糧食確保のために「打草穀」と呼ばれる略奪まがいの行いをしたことが、漢人の反発を招いて不穏な情勢を生み出したからだ。

しかも北の太原では後晋の武将劉知遠が後漢を樹立し、各地の節度使も多くは彼になびいていた。不安を感じた太宗は北帰することを決意し、ほうほうの体《てい》で開封をあとにする。ところが燕京《えんけい》（現在の北京）まで道半ばの欒城《らんじょう》（河北省）にいたったところで、なんと不幸にも突然病を得て不帰の客となってしまったのである。時は陰暦四月の初夏。契丹人は太宗の腹を割いて内臓を取り出し、塩を詰めて腐敗防止を施し北の地に運んだという。

それにしても、せっかく中原に君臨しながら、わずか数カ月で手放さざるを得なかったのはなぜなのか。種々の要因があげられようが、なんといっても契丹人にいまだ中原統治のノウハウがなかったことが大きい。華と夷を融合させるための、統治イデオロギーが準備されていなかったのである。中原の漢人を統治するためには、遼を中華とする新たな天下観念を構築せねばならない。当時の遼の文化レベルはその高みにまでは到達しておらず、それを形成する以前に華北からの撤退に追い込まれてしまったということだ。

後周の世宗と宋の太祖

遼の太宗の死から七年経った九五四年、五代最後の王朝後周の太祖郭威(在位：九五一～九五四)が死去すると、皇后の甥の柴栄《さいえい》があとを継いだ。五代随一の名君といわれる第二代皇帝世宗(在位：九五四～九五九)である。即位早々に北漢の攻撃を退けた彼は、その後内政に積極的に取り組み、軍隊の改編強化をはじめ国力の増強を推し進めていった。内政に専念すること一年有余。用意万端と見た世宗は天下の再統一を目論んで自ら出陣し、四川の後蜀や江南の南唐を攻撃してその制圧に成功する。

やがて彼の目は北方に転じ、最大の強国である遼とその属国の北漢に向かって北伐を開始する。遼の国内の内紛に乗じて電光石火、燕雲十六州に攻め込み莫《ばく》州と瀛《えい》州の二州を奪回した。破竹の勢いに乗る後周軍は、さらに北上して幽州(北京)をめざすが、ここで予想だにしないアクシデントに見舞われる。当の世宗がにわかに病にかかり、撤退を余儀なくされたのである。

都の開封に引き返した世宗は、それから半月後に天下統一を夢見つつ息を引き取った。三十九歳という若さでの早すぎる死であった。

世宗の天下統一事業は、後周に代わって宋を建国した初代皇帝太祖趙匡胤（在位：九六〇～九七六）に継承された。もともと後周の武将であった彼は、世宗の死後、部下に担がれて即位すると、種々の制度改革を通じて中央集権的な皇帝独裁体制を確立した。中央での兵制改革によって軍事権を皇帝に集中させたほか、地方の藩鎮（節度使）からは軍事・行政・財政権を取り上げ、再び割拠状況に陥らないよう先手を打った。これらの措置により皇帝権力は、比類ないほどに強化されるにいたった。

絶大な権力を背に彼は九六五年に後蜀を滅ぼし、九七一年には南漢を併合するなど、着々と宋の領土を拡大していった。残る大国の江南（南唐が後周に臣従して以後、国名を変更）も九七五年に征服、南方諸国は彼のときにほぼ消滅した。だが、遼の支援を受けた北漢だけは、最後まで屈服させることができなかった。北漢をようやく併合するのは、第二代皇帝太宗趙匡義（在位：九七六～九九七）の九七九年のことである。唐滅亡以来、分裂を極めた中国国内は、ここに燕雲十六州を除いてひとまず統一を見ることになった。

澶淵の盟

宋と遼との争いは、もちろんこれで終わったわけではない。北漢制圧の勢いに乗る太宗は遼の領内に攻め入り、一時は幽州を包囲するほどの攻勢をみせた。だが、遼軍の反撃を受けると連戦の疲れのみえる宋軍は大敗を喫し、戦死者も一万人以上に上ったため、太宗の北伐はこの戦いをもって終わりを告げた。その後、宋側は内治に努め、遼側も内紛などで外征に時間を割く余裕がなかったことで、ともに相手に決定的な打撃を与えられないまま時間だけが経過した。

やがて宋の太宗を継いだ真宗(在位：九九七〜一〇二二)の景徳元年(一〇〇四)、遼の年号では統和二十二年閏九月秋。遼の承天皇太后とその子聖宗耶律文殊奴《やりつもんじゅど》(在位：九八二〜一〇三一)は公称二十万の軍隊を率いて燕京を出発、南方の宋軍を撃破しつつ定州(河北省保定市)にいたった。迎える宋側では遼軍の進撃に慌てふためき、四川や江南への遷都の議論も出るありさまであった。しかし宰相の寇準はそれに強く反対し、おびえる真宗を無理やり親征に連れ出すと、宋都開封に近い黄河畔の澶《せん》州(雅名は澶淵)にまで北上し遼軍と相対峙した。

皇帝の来援を得て勢いづく宋軍に対し、遼軍は戦線が延びて糧秣《りょうまつ》の補給もままならず、苦戦が続いていた。そこで宋側が講和を持ちかけると遼側も応じたため、幾度かの交渉を経て同年十二月に和議が成立、盟約が結ばれることになった。交渉の場所にちなんで「澶淵の盟」と呼ばれるこの和議では、両国の守るべき事柄を誓書に認《したた》め、互いに交換し合って合意のしるしとした。その内容はあらまし次の通りである。

一、毎年、宋から遼に対して絹二十万匹、銀十万両を与える。
二、辺境の州軍は境界を遵守し、両地の人戸は互いに侵犯してはならない。
三、盗賊が境界を越えて逃れてきたときには、隠匿せずにただちに引き渡す。
四、耕地と農作物を互いに荒らさない。
五、従来から存在するものを除き、新たに築城したり河道を開鑿《かいさく》したりしてはならない。

このほか誓書には明記されていないが、以下のことも定められた。①宋皇帝と遼皇帝との名分関係を兄と弟とする。②両国で取り交わす国書は対等な致書文書とする。③両国の慶弔や皇帝・皇太后の誕生日に使節を交換する。④国境に交易場(榷場《かくじょう》)を設け、両国の商人が貿易をすることを許可する。

その後、十一世紀半ばにチベット系の党項(タングト)の建てた西夏(一〇三八〜一二二七)と宋との間に戦争が起こり、その混乱に遼が付け込み歳幣の額が増加されたりしたが(一〇四二年)、基本的にはこの盟約により百年以上にわたって両国の平和は保たれた。

盟約の時代

澶淵の盟の特徴は、なんといっても両国の領土を画定し明確な国境線を引いたことである。その国境を維持し、両国の対立を回避するために設けたのが先の取り決めであり、こののち中国と周辺諸国とで交わされたいくつかの盟約も、すべて澶淵の盟が下敷きとされた。そこから、複数の国家が共存するためのこれらの仕組みと、その仕組みによって成り立つ国際秩序の総体を、今日では「澶淵体制（澶淵システム）」と呼ぶことが多い。

実際、一〇四四年に宋と西夏との間で結ばれた「慶暦の和約」では、宋を君主、西夏を臣下とする君臣関係ではあったものの、歳幣や国境の画定は澶淵の盟に準じて行われた。また時代の下った一一四二年の金と南宋との「紹興の和議」では、金が君主で南宋が臣下の逆「君臣関係」であるのを除き、その他の国境、歳貢、誓書・使節の交換などは、すべて澶淵の盟がモデルとなった。十一世紀初め（遼と晋王李克用との「雲中会盟」に遡れば十世紀初め）から十三世紀初めを「盟約の時代」あるいは澶淵体制という用語でくるゆえんである。

注意すべきは、このいわゆる盟約の時代が、いかにも特異な時代であるかのように語られることだ。たしかに前後の時代と比べて、種々の点で大きく異なることは間違いない。国際環境の多元化・多極化構造への変化は、その最たるものであろう。そこから、中国中心の伝統的な体制とは異なる新たな局面に着目して、盟約の時代の歴史的特質の解明が関心を集めているのも事実である。

だが特質を追求するあまり、国家間の対等性をことさら強調するのはまだしも、国境の画定を近代国家の領土観念の先蹤《せんしょう》のように評価するのは、はっきり言って、いかがなものか。むしろ、そこには、東アジアの固有の論理で理解できる面もあるのではないか。時代の特異性は今は措き、地域の固有性と普遍性に注目してみたいということだ。この点はもう少し掘り下げて考えてみる必要がありそうである。

二つの天下、二つの天朝

そもそも対等な国家関係とは、どのような状況を指すのか。少なくとも当時の宋と遼とが、今日的な意味での主権国家同士の対等な関係でないことは明らかである。両国が対等だとされるのは、盟約によって領土を画定したり、平等な立場で誓書や致書文書を交わしたり、絶対的な君臣秩序に代わって相対的な宗法秩序を適用したり、あるいは互いに北朝・南朝などの呼称を用いたりしたことに起因する。かつての中国中心の一元的な国際関係と異なり、多元的・多極的な様相を呈していることが対等とみなされているわけだ。

もちろん、対等だといっても両者の関係が完全に平等だというわけではない。例えば相対的だといわれる宗法秩序も、宋が兄、遼が弟というように明らかに上下関係が含意されているし、宋に一方的に課した歳幣も遼が上位に立っての措置だと考えてよい。遼にすれば名を捨て実を取ったということであり、宋はなんとか沽券を保ったというのが実情に近い。これもすべて宋が軍事的に劣勢であったことによるもので、遼が強気に出て対等に振る舞えた理由もそこにある。

とはいえ、獲得したこの対等性を保障するために、遼が中国のルールに則っていることは十分に注意されてよい。先の宗法秩序しかり、致書文書しかり。東アジア世界には中国モデルのルールがあり、そこに参入した遼からすれば、そのルールに従わざるを得なかった。しかも、宋とルールを共有する中で真の対等性を確立しようとすれば、やがて宋とは異なる遼独自の天下が求められよう。遼が宋との宗法秩序とは別に、高麗や西夏を臣従させて、遼中心の大天下を構築しようとしたのもそのためである。

東アジア諸国が中国に対抗するためには、新たな天下を創出して自国が天朝にならねばならなかった。かつて倭国が倭国独自の天下を作り上げ、中国の大天下から離脱したように。後に見るように、それは倭国だけに限ったことではない。天下には天下で対抗するのが東アジアの鉄則であった。ここに東アジアという地域の固有性と普遍性を認めることができるのではなかろうか。唐代にひとまず完成した天下システムは、この時代になっても形を変えて存在していたのである。

なるほど、遼の天下観念がいつ確立したかは史料的に確認できない。だが、澶淵の盟当時に遼と宋とが北朝・南朝と互いに呼び合っている事実は、すでにこの頃には独自の天下観を遼もそなえていたことを示している。おそらく天朝意識も宋に対抗して形成されていたことだろう。しかも遼は倭国のように、ダブル・スタンダードで宋に接したわけではない。まさに二つの天下が真正面からぶつかり、二つの天朝がしのぎを削ったのが遼と宋の関係であった。

以上のように、遼と宋とは対等な国家として澶淵の盟を締結し、国境を画定して百年有余にわたる平和を享受した。その意味で、東アジア史上、澶淵の盟の果たした役割は限りなく大きい。だが当時の国境は、遼の勢威に押されて宋がやむなく認めたもので、二つの天朝が二つの天下の境目を相互に確認したものにすぎない。決して近代的な意味での領土観念が、この時点で生まれたわけではなかった。この点はいくら強調しても、しすぎることはなかろう。天下の観念が澶淵の盟の成立で消滅したわけではないからである。

宋と遼の華夷観

澶淵の盟によって互いの対等性を確認しあった両国だが、それは国家間の待遇に限られるだけで、すべての面で対等になったわけではない。なによりも漢人の意識下では遼は野蛮な夷狄の国であり、宋の国内では遼のことを蕃、夷、虜などと称して相も変わらず蔑んだ。華夷思想に基づく夷に対する蔑視観が、漢人の中から一朝一夕でなくなるはずもなく、のちのちまでも遼を見下す優越感だけは持ち続けた。

かたや契丹人の側にも伝統的な華夷思想が骨まで染み込んでおり、当初は彼ら自身も自分たちのことを、当たり前のように蕃とか夷などと呼んでいた。逆に宋のことは天下の中心にある中原王朝だとみなし、中国と称して一目置いていたらしい。遼の皇室がかつての五胡諸国や北魏と同様、「軒轅氏(黄帝)の後裔」だと自称したのも、彼らの漢人へのコンプレックスの裏返しだと見て取れる。

やがて遼の方でも自国を中国と呼称するようになるが、それでも彼らにとって宋はやはり永遠の中国であり、その後も宋を中国と呼び続けた。遼の側からすれば、二つの中国が存在すること自体、対等の証しであったのかもしれない。他方、宋の方では遼を北朝と呼びながらも自国の呼称はあくまでも中国であり、南朝を名乗って北朝の遼と同列になることだけはつとめて避けようとした。中原王朝である宋のプライドは、遼と対等にあつかわれることを潔しとしなかったのである。

遼の国内では国人(契丹人)と漢人とで統治方法を異にし、前者については契丹固有の部族制を、後者には州県制を適用して、それぞれ北面官と南面官が管理した。征服王朝である以上、二重統治は当然の措置ではあるが、それでも唐にならった官制や法令をはじめ、全体としての中国化は免れなかった。とりわけその状況が顕著となるのは、興宗(在位：一〇三一～一〇五五)・道宗(在位：一〇五五～一一〇一)以後のことである。遼を中国とか夏とか呼ぶのが一般化するのも、この頃のことだとされる。

遼の中国化

道宗については有名な逸話が残っている。ある日、御前講義で漢人の学者が『論語』を講じ、孔子の有名な言葉「夷狄の君あるは、諸夏の亡きに如かざるなり」の段にいたった。このとき漢人学者はさらっと読み流し、講釈しようとはしなかった。これを見て道宗は次のようにいった。

古代の北方民族である獯鬻《くんいく》、獫狁《けんいん》、蕩《とう》などは礼法が無かったので、これを夷といったのだ。吾は文物(礼・義)を修めており、文化的には中華と異なるところはない。どうして孔子のこの言葉を気にしようぞ。(『松漠紀聞』)

道宗の気持ちを慮って講釈を避けた漢人学者に対し、道宗は度量の広いところをみせてあらためて講釈させたという。道宗の自信のほどを示す話ではあるが、ここで道宗が披瀝した理屈こそ、華夷の区別は民族の違いではなく礼・義の有無だというあの論理に他ならない。

ただし彼自身、「中華と異なるところはない」とはいいつつ、自分は華だとは決して述べていない。つまり彼の意識の中では、まだまだ中国に対するコンプレックスがあり、それが図らずもこの言葉に表れたのではないか。彼は即位前に燕京の開泰寺で銀の仏像を造立したが、その背には「願わくば後世、中国に生まれん」(『全遼文』巻二、銀仏背銘)との文字が鋳込まれていた。この中国が中原にある中国であって、遼でないことだけは確かである。道宗の中国への思いと憧れのほどが知られよう。

遼の皇帝の中国観は別として、遼国内の漢人の状況はどのようなものであったか。すでに道宗の頃には漢人の中にも、遼を中国として西北の諸民族を蕃だとする、遼中心の華夷の観念が存在した。一方、常に守勢の立場にあった宋の側では、遼を念頭にことさら夷を貶める「華夷の別」が強調された。遼国内の漢人からすれば、これほど不本意で不愉快なことはない。

寿昌二年(一〇九六)、劉輝という人物が道宗に次のように上書した。

宋の欧陽脩が『五代史(新五代史)』を編纂して、我が朝を附伝の四夷伝に入れ、誹謗中傷を加えております。(『遼史』劉輝伝)

劉輝は宋の建国時の事跡を、『新五代史』の体例にならって遼の「国史」の附伝とするよう求め、道宗も「それを嘉《よみ》した」という。『新五代史』は欧陽脩の私撰本で、その特徴は君臣道徳や華夷の別を強調した点にある。欧陽脩に代表される遼を見下す宋の風潮が、劉輝には我慢ならなかったのだ。

劉輝の主張は一言でいえば、遼は文化的には夷ではなく華だというもので、道宗の考えと通じる部分がある。ただし彼の場合、正統論の立場から宋に対抗して遼も華だと主張したのであって、道宗が自己の出自を華の観念で止揚させようとしたのとはやや異なる。もっとも、劉輝のような漢人が征服王朝の遼にアイデンティティを感じること自体、遼の中国化が進展したことの証しとはいえるだろう。それはまた、遼が中国文化に馴染んで尚武の気性を失っていくことと、ある種、表裏のことでもあったのだが。

金と南宋

遼の皇帝たちが中国文化にどっぷり浸かっている頃、遼の東北方で新たに勃興してきたのが、狩猟・採集と農耕・牧畜を営むツングース系民族の女真(ジュシェンあるいはジュルチン)である。当時、女真は文明化の程度に応じて、生《せい》女真と熟《じゅく》女真の二つの集団に分かれていた。現在の黒竜江省ハルビン付近の按出虎水《アンチュフ》の畔にいたのが生女真である。その族長の完顔阿骨打《ワンヤンアクダ》が一一一四年に遼に対して兵を起こすと、翌一一一五年に皇帝に即位し、国号を大金、会寧(黒竜江省阿城市)を都として、収国と建元した。

この形勢を見ていた宋は一気呵成に燕雲十六州を奪回しようと、一一二〇年に阿骨打のもとに使者を送って、金と宋とで遼を挟撃する密約を取り付ける。約束通りに阿骨打は遼を攻撃して燕京に迫ったために、遼の天祚《てんそ》帝は燕京を捨てて西に逃亡した。この間、宋は弱体化した遼軍にも敗北を重ねたことから、けっきょく燕京は金軍によって攻略され、ここに実質的に遼は滅亡した。その後、遼の皇族耶律大石《やりつたいせき》が中央アジアに逃れて建設したのがカラ・キタイ(中国名は西遼)である。遼の中国支配は終わったものの、その命脈は西に受け継がれ約百年間存続することになる。

遼の滅亡後、宋は燕京をふくむ六州を金から譲り受け、代わりに銀二十万両、絹三十万匹、銭百万貫、軍糧二十万石の歳幣の納入を承諾した。だが、その支払いをめぐって宋と金とが対立し、今度は宋自体が金軍の徹底攻撃にさらされる。一一二六年(靖康元年)、宋の都の開封は金軍によって陥落させられ、太上皇帝徽宗《きそう》と皇帝欽宗以下、皇室・官僚など約二千五百人が捕虜として北の地に連れ去られた。史上名高い「靖康の変」である。この事件をもって、宋はいったん滅亡するにいたった。

このとき唯一、難を免れたのが欽宗の弟の康王（のちの高宗）であり、彼が江南で即位して宋を復興したため、これ以後を南宋、統一時代の宋を北宋と呼ぶ。金も南宋を滅ぼすだけの力がなく、やがて両国は軍事的に対立したまま一進一退の攻防を繰り返すようになった。この間、南宋国内でも和平派と主戦派とが対立して政治が紛糾したが、宰相秦檜《しんかい》の策動で最後は和平派が勝利し、金と交渉をかさねてようやく和議にこぎつけた。宋の年号でいえば紹興十二年（一一四二）、いわゆる「紹興の和議」の成立である。両国で交わされた盟約の内容は以下の通り。

一、東は淮水の中央、西は秦嶺（陝西省）の大散関の線をもって両国の境界とする。
二、宋は金に対して臣下を称し、金は宋の皇帝を冊封する。
三、宋は金の皇帝の誕生日と元旦に使者を送って慶賀する。
四、宋は毎年、銀二十五万両、絹二十五万匹を金に貢納する。

このほか、誓書を交換して合意のしるしとしたり、国境沿いに交易場（榷場）を設けるなど、澶淵の盟のときと同様の措置が講じられた。

ただし、紹興の和議には澶淵の盟との決定的な違いがあった。それはこのとき、中国皇帝が外国君主に対して、初めて正式に臣下を称したことである。紹興の和議が宋にとってきわめて

海陵王（ハルビン，金上京歴史博物館蔵）

屈辱的だとされるのは、名分上の上下関係も含めてすべての面で宋が下位に置かれたことによる。宋にとっては本来まったく受け入れがたい内容であった。しかしまた、この和議により宋と金との戦争状態がひとまず終結し、以後、約二十年間の小康状態を保ったことは事実である。

海陵王の野望

小康状態は金の第四代皇帝海陵王完顔《ワンヤン》亮《りょう》（女真名は廸古乃《テクナイ》。在位：一一四九～一一六一）の南伐によって、脆くも崩れ去った。

死後、皇位を剝奪されて一般には海陵王の名で知られる完顔亮は、第三代皇帝熙宗《きそう》の暴政に反発してクーデタを起こし、自らの刃《やいば》で従兄の熙宗を殺《あや》めて皇帝の座についた。彼はおのれの独裁権力を確立するために、障害となりそうな皇族や重臣、はては嫡母《ちゃくぼ》の徒単《とぜん》皇太后まで粛清し、反対者の口を封じていった。その手法の残忍さは、酒色におぼれて殺戮を事とした熙宗以上で、『金史』の評語は「天下後世をして無道の主と称せしむるは、海陵を以て首と為す」と手厳しい。ともかく彼に対する評価は、歴代の君主の中でもひときわ低い。

だが、仔細にその行状を見ると、単なる「無道の主」との評価だけではすまされない、彼の別の側面が見えてくる。後年、彼は自分の志を三つ挙げているが、そこに彼の皇帝としての政治姿勢が端的に示されているように思われる。三つの志とは、国家の大事はすべて自分一人が決定する。宋を滅ぼしその君主を自分の前に跪かせて罪を問う。天下一の絶世の美女を得て妻とする。要は中国風の皇帝独裁体制を確立したうえで、最終的には南北の天下を統一する。そうなれば、美女の獲得をはじめ自分の思い通りにならないことはないというわけだ。

渤海人の生母のもとで、幼時より漢文化の薫陶をうけて育った海陵王は、儒家思想に対する深い造詣と思い入れがあった。彼の願いは中華王朝を創建して、中華の天子になることであり、彼の実施したさまざまな政策はそのための措置に他ならなかった。漢地の統治機関である開封の行台尚書省をなくして中央集権体制を強固にしたり、科挙を重んじて人材を抜擢したり、国子監を設けて儒学教育を施したり、あるいは礼制面での改革を行ったり、中華王朝建設のための施策を彼はつぎつぎと打ち出していった。

遷都と南伐

そんな中での最大の国家的事業が燕京への遷都である。国初以来の都である上京会寧府はあまりに北に偏っており、中華王朝の都としてふさわしくない。かつて北魏の孝文帝が平城から洛陽に遷都したように、彼は中華の地への遷都を目論んだ。蕃と漢とを同時に支配するために、彼が選択した地は女真の故地でもなければ中原でもない。ちょうどその中間に位置する燕京であった。

金の貞元元年(一一五三)、多くの反対を力で押し切り燕京への遷都を断行した彼は、天下の中央との意味を込めて中都と命名した。現在の北京が初めて歴史の表舞台に登場した瞬間である。遷都と同時に開封を南京《なんけい》、大定を北京《ほくけい》とし、すでに存在する東京《とうけい》遼陽府、西京《せいけい》大同府とあわせて、あらためて金の五京制度を確立した。中華王朝樹立に向けての第一段階は、中都への遷都でひとまず整えられたといってよい。

当面の目標を達成した海陵王の野望は、次に南宋の征服、南北の天下統一へと膨らんでいく。

天下一家となりて、然る後、以て正統たるべし。(『金史』李通伝)

彼の思いはこの一点にあった。正統王朝になるためには、なにはともあれ天下を統一せねばならない。やがて海陵王は南宋を滅ぼすための南伐を計画、蕃・漢の兵六十一万、馬五十六万匹を民間から徴発して来る出撃の日を待った。

正隆六年(一一六一)、公称百万の金軍が国境の淮水を越えて南宋領に一斉に攻め入った。二十年間続いた金と南宋との平和な関係が、これによって完全に打ち壊された。めざすは南宋の都臨安(杭州)である。女真人を主力に契丹、奚、渤海、漢人の混成軍が、先を争って南下していった。

だが、結論からいえば、海陵王の野望は成就することはなかった。金軍が長江の渡江にてこずっている間に、金の東京(遼陽)で海陵王の従弟の完顔烏禄《ワンヤンウル》が反旗を翻し、動揺した金軍の中に反乱が起こり、海陵王自身が殺されてしまったからである。海陵王に付き従っていた多くの将兵は、これを機に雪崩を打ったように北へと撤退を開始し、南宋は再び淮水の線まで失地を回復することになる。南宋にとり、僥倖としかいいようのない海陵王の突然の死であった。

小堯舜の世

代わって中都に乗り込み、第五代皇帝となったのが先の完顔烏禄(中国名は雍《よう》)、すなわち金朝随一の名君といわれる世宗(在位：一一六一〜一一八九)である。非凡な彼がこの難局に登場してきたのは、金にとってある意味幸いなことであった。彼が掲げた政治方針は、対外的には南宋との関係修復を図りながら、国内的には海陵王の中国化政策の行き過ぎを是正し、女真人の伝統文化を復活することであった。

まず前者については、国境を淮水の線とする紹興の和議を再確認するとともに、南宋に譲歩して歳幣の額を減額したことである。銀は二十五万両から二十万両に、絹は二十五万匹から二十万匹に減らされた。また従来の君臣関係をやめて、金と南宋とを叔父と姪《おい》の関係に変更するなど、両国の立場をより対等に近いものとした。ただし儀礼の面では、南宋皇帝は金の国書を起立して拝受したのに対し、金皇帝は南宋の国書を着座して受け取るなど、金の上位性はしっかり維持されていた。

後者の伝統文化の復活については、女真人の漢化と窮乏化が進むなかで、彼らの生活を保障し民族的自覚を取りもどすために、さまざまな政策が矢継ぎ早に実施された。漢人から土地を取り上げて女真人に支給したのを手始めに、彼らが尚武の精神を失わないように騎射や武芸の訓練を命じたほか、漢姓への改称や漢服の着用を禁止したり、さらには女真文字の学習を奨励したりもした。女真人の有能な人材を養成するために、女真国子学や女真進士科を設けたのも彼のときである。

世宗が漢人と女真人とを区別してあつかっていたことは、彼の言動からもうかがえる。尚書右丞の唐括安礼が「女真人と漢人とは今や一家でございます」との褒辞を述べたとき、世宗はその言葉尻をとらえて問責口調で次のようにいったという。

いわゆる一家とはすべてが同類だということだ。女真人と漢人とは、じつは二類である。

朕が東京で即位したとき、契丹人と漢人とは皆行こうとはせず、ただ女真人のみがやって来た。これが同類といえるか。（『金史』唐括安礼伝）

世宗の念頭にあったのは、何よりも女真人を第一とした王朝国家の構築であった。だが、実際のところ、彼の思考パターンは儒教の論理と中国的な天下観から一歩も出るものではなかった。周囲の西夏や高麗に対して「四海の主」をもって臨んでいたし、彼が常々口にしたのも徳の重要性であった。君主たるもの「ただ徳を修むることに務めれば、余は何ぞ慮るに足らん」（『金史』世宗本紀）、これが彼のすべてであった。積極的に『易』『尚書』『論語』等の経書や『史記』『漢書』等の歴史書の女真語訳を進めたのも、女真文化の上に漢文化を導入するためである。彼自身、決して漢文化を敵視していたわけではない。彼の心性は海陵王と同様、紛《まご》う方《かた》なく中華天子のそれであった。

おそらく彼は、契丹がそうであったように、女真がしだいに漢化されていく現実を、忸怩《じくじ》たる思いでながめていたに違いない。それを食い止めるために粉骨砕身努力したのだが、蕃・漢統治のための根本理念が儒教の論理である以上、大勢としての女真の漢化は如何ともし難かった。しかし、そんな彼の奮闘と、当時南宋との関係が好転したこともあり、国内に小康状態が生まれたことは事実である。直前に海陵王の暴政があったとはいえ、中原の人たちが彼のことを「小堯舜」と呼んで慕ったのも、彼の治績からすれば至極当然のことではあったろう。

南北の華夷観

金と遼とを比較すると、さまざまな点で相違のあることに気づく。その一つが、遼は五胡の諸王朝と同様、その遠祖を「軒轅氏（黄帝）」に求めて漢人との同源を主張したのに対し、金はそうした虚構を一切設けず、はっきりと北方民族の靺鞨の後裔だと認めていることである。女真が契丹に比べて民族的に自立していた証左ではあるが、そんな彼らも金の建国当初は北宋のことを中国と呼んでいた。

この点は遼と何ら変わらない。遼も当初は北宋だけが中国であり、自国を中国と称するのははるか後のことであった。金もまた中国を自称するのは、華北を支配して南宋と相対峙してからで、遼・金ともに固有の天下観が生まれて後のことである。ただし、燕雲十六州だけを支配した遼と華北全体を領有した金とでは、同じ北の天下でもその意味合いはかなり異なる。中原の帰趨が、王朝の正統性に大きく影響したからである。遼が最後まで北宋を中国と呼んで憧れ続けたのも、北宋の治下に中原があったためであった。

だが、金は違った。南北の天下統一に失敗した海陵王の時代を過ぎて、北と南に二つの天下が定着すると、それぞれの国内で正統化のための理論武装が図られていく。金の章宗（在位：一一一八九〜一二〇八)や宣宗(在位：一二一三〜一二二三)に仕えた漢人の趙秉文《ちょうへいぶん》らは、例の『春秋』の論法を取り上げ、華と夷の違いは民族の違いではなく礼・義の有無だとさかんに強調した。そこに中原の領有という正統意識も加わり、金も後半になると南宋を「蛮荒」「島夷」などと夷狄視する見方が生まれてくる。

一方、南宋側は南宋側で金を夷狄視して、自国の正統性を主張した。金側が文化・地域の面から自国を中華としたのに対し、南宋側は民族の面から金を夷狄として貶めた。漢人の深層心理にある民族的な蔑視観が、金に対抗して一気に頭をもたげた感があった。それは朱子学の大成者である大儒の朱熹(一一三〇〜一二〇〇)にもいえ、彼の思想の基調には「華夷の別」の意識が色濃く認められる。彼にとっては王朝の正統論からいっても、儒学の道統論からしても、南宋こそが真正の中華であらねばならなかった。

十世紀から十三世紀にかけての東アジアは、遼と北宋、金と南宋との関係を機軸に、中国の周辺に西夏、大理、高麗などいくつもの強大な国家が出現した。唐の盛時とは異なる多極・多元的状況を呈する中で、最終的な対立の局面を作り出したのが金と南宋である。たしかに南宋は金に臣従したものの、南北の力が拮抗していたこともあり、金もけっきょくは南宋を併呑することができなかった。南北対立の局面はそのまま定着し、天下統一は次の時代に持ち越されたのである。

天下一家の実現は、最終的には金や南宋とも異なる新たな勢力によって達成された。それまで金が夷狄視しつつも悩まされ続けてきたモンゴルが急激に成長を遂げ、ユーラシアのほぼ全域を支配したのである。金も南宋もモンゴルの敵ではなく、怒濤のように押し寄せるモンゴル軍の前に、なすすべもなく地上から消え去っていった。東アジアの南北の天朝はモンゴルの天朝に収斂され、広義の天下一家が史上初めて現実世界に実現することになった。十三世紀、いわゆる「モンゴルの世紀」の始まりである。

第八章　天下一家の完成――元

クビライの漢地支配

一二〇六年、モンゴル諸部を統一したテムジンは、オノン河畔でカン（汗）に即位してチンギス・カン（在位：一二〇六～一二二七）を名乗ると、その後東西に向かって大軍を送り、草原の軍事力で広大な地域を席捲していった。彼とその子孫たちによって成し遂げられた大事業は、ユーラシア大陸の大半をモンゴルが支配する大遊牧帝国の建設であった。後にも先にもこれほどの大帝国を築いたのは、モンゴルをおいて存在しない。しかも、その治下ではわりと平穏で安定した情勢が生まれたため、この時代のことを特にパクス・モンゴリカ（モンゴルの平和）と評価する向きもある。

もともとモンゴルは第二代カアン（可汗）の太宗オゴデイ（在位：一二二九～一二四一）のときに金を滅ぼし、中国の北半分つまり華北の地を支配するようになった。この時点で、中国の南半分にはいまだ南宋があり、東アジアではモンゴルと南宋とが南北に相対峙する状態が出現した。

一二五一年、第四代カアンの憲宗モンケ(在位：一二五一〜一二五九)が即位すると、クビライは兄のモンケから漠南漢地大総督に任命され、内モンゴルの金蓮川(のちの上都開平府)を拠点に華北の地の統治を開始する。クビライがやがて中国にのめりこんでいく契機はここに胚胎しているのだが、この時点では誰もまだ彼が次のカアンになるとは予想していない。

モンケは一二五七年から南宋に向かって総攻撃を開始し、クビライも華北からの出撃を命じられた。だが、南征軍の編成や糧食の補給路の確保に時間がとられ、クビライが南宋との境界の淮水河畔に到達したのは一二五九年八月のことであった。ようやく戦闘態勢の整ったクビライであったが、そんな彼のもとに思いもかけない知らせが突然舞い込んでくる。兄のモンケが四川の陣中でにわかに身罷《みまか》ったというのである。陣中で流行した疫病が原因だとされる。総大将の急死により、すでにモンゴル本隊はモンケの柩を奉じて、都のカラコルムに向かって撤退を始めていた。

本来ならば、クビライも北帰すべきところ、ここで彼は意想外な行動に打って出る。北に引き返すどころか、モンケの命令を忠実に守って長江を南に渡り、後世「鄂《がく》州の役」と呼ばれる鄂州(武漢)包囲戦を南宋側に仕掛けたのである。無謀とも思えるクビライのこの行動は、逆に壮挙と受け取られ、彼のその後の命運を決定した。自分を支持する勢力の広がりを感じた彼は、やがて南宋と仮の和議を結ぶと一転して引き上げを開始する。さらに根拠地の開平にいたったところで、お手盛りのクリルタイ（大集会）を身内だけで開き、カアンへの即位を一方的に宣言したのである。

同じ頃、モンゴル帝国の首都カラコルムでは、末弟のアリク・ブケがモンケの留守をあずかっていたが、クビライの即位に承服しない彼は、モンケの葬儀を終えると新たにクリルタイを開催し、正式な手続きを踏んで第五代カアンとして即位した。モンゴル帝国の中に二人のカアンが誕生したわけで、まさに帝国は分裂の危機の真っ只中にあった。そして、この事態を解決するには、武力に訴えるしか他に手立てのないことを、両人ともに痛いほど認識していた。ここに両者の間に戦闘の幕が切って落とされるが、これが有名な「アリク・ブケの乱」である。

この内乱は最終的には軍事力に勝るクビライが勝利を収め、一二六四年に彼は名実ともにモンゴル帝国の大カアンとなった。帝都カラコルムの勢力を打ち破ったクビライは、ほどなく根拠地の開平を上都と命名し、金の中都とともにモンゴル帝国の都に決定する。そればかりか、いったん中国に軸足を移したクビライは、さらに中国寄りの土地に拠点を置くことにし、中都の北東郊外に大都を建設すると、その地をモンゴル帝国の首都とした。世にいうカアンの都・カンバリクの誕生である。夏の都は上都、冬の都は大都という、のちの元朝の両都制はこうして生まれることになった。

元朝史とモンゴル史

契丹、女真に次いで中華の地を支配することになったモンゴル。このモンゴルによって建てられた元朝とは、いったいどのような王朝であったのだろうか。

十世紀初頭の唐滅亡後、五代十国時代という一時的な分裂期を経たのち、いわゆる中国大陸では宋、元、明、清の四つの統一王朝が、それぞれ「中国」の範囲を異にしながらつぎつぎと興亡した。学界で通行する宋元時代、明清時代という呼称からも分かるように、一般にこの四つの王朝は同列の中華帝国とみなされ、異民族王朝の元と清ですら中国史の文脈で捉えるのが普通であった。

ようやく二十世紀の後半になって、元と清とを中華帝国の概念で十把一絡げに理解することにはっきりと疑義が示され、両王朝の固有の性格に多くの関心が集まるようになった。なかでも元については、支配民族のモンゴルがユーラシアのほぼ全域を支配したことから、単なる中国史の中での元朝史として把握するのではなく、モンゴル時代史の中での元朝史の意味を問う姿勢が主流となっている。今やモンゴル語やペルシア語はもちろん、チベット語やトルコ語あるいはロシア語など、多言語の世界に元朝史も取り込まれつつあるといってよい。

日本の伝統的な中国史学の立場からいえば、元朝史に関する主要な史料は『元史』をはじめとする漢文史料であった。それらに基づき明治以来、大きな成果が挙げられてきたことはまぎれもない事実である。ただし最近の研究が強調するのは、漢文史料には漢人特有の華夷思想のバイアスがかかっており、そこにはモンゴル人とは野蛮な夷狄との先入観があるため、真実とは程遠い姿を呈しているということだ。こんな漢文史料だけで、はたして真のモンゴルの姿が見えるだろうかというのである。

中華王朝という外被

実際、漢文史料の『元史』などを見るとどうしても漢人寄りの記述が目立ち、クビライのブレインがいかにも漢人主体であるかのようなイメージ作りがなされていることは否めない。だが彼のもとには漢人以外に、モンゴル人、ウイグル人、女真人、ペルシア人をはじめ、じつに多様な人たちが集まり、その謀議も一説ではモンゴル語でなされていたといわれる。もしそうなら、クビライのブレインは漢人ですらモンゴル語を解していたわけで、漢人主導の純粋な中華王朝のイメージとは当然重ならない。

そんなクビライ政権の実態に着目して、クビライ国家の中華王朝としての体裁は、じつはモンゴル帝国の外被であり見かけに過ぎないとの見方もある。外被の中には種々のエスニック・グループが存在し、きわめてハイブリッドな帝国が築き上げられていたという。中華王朝という外被に惑わされて、モンゴルの本質を見失ってはならないというわけだ。なるほどいわれてみれば、たしかにその通りであろう。

だが、その一方で、クビライ国家が中華王朝の外被にこだわり続けたのも事実であり、この点はやはり無視できない重みを持つのではないか。クビライの漢人ブレインである許衡《きょこう》の次の言葉は、ある意味示唆的である。

北方奄《おお》いに中夏を有せば、必ず漢法を行いて以て長久なる可し。(『元文類』巻十三、時務五事)

漢地には漢地に適合した統治法がある。皇帝を頂点に膨大な官僚組織を備えた集権的な統治機構。そして、それを支える儒教イデオロギーに基づく天下観。両者相俟って漢法の世界が漢地には構築されている。クビライが手本にしたであろう遼や金も、漢法の実現に苦心したさまはすでに見た。

クビライが漢法の重要性をどこまで自覚していたかは措き、結果としてクビライ国家も漢地では漢法を採用せざるを得なかった。否、むしろ積極的に漢法を導入して、漢地に適した中華王朝の外被作りに専念したというのが実情に近かろう。そうすることによってのみ漢地の住民の承認を得て、自王朝を正当化することができたからである。クビライ国家にとり、漢法という中華王朝の外被は必要不可欠なものであった。

元はいつ成立したか

中華王朝の外被でまず重要なのは国号であろう。そもそも元という国号はいつ制定されたのか。あるいは、元という王朝はいつ始まったのか。

元の正史である『元史』の巻一、太祖本紀にはチンギス・カンの伝記が収められ、彼を元の創始者とする立場が取られている。『元史』ばかりか元の為政者たちもチンギス・カンを国祖と仰いでおり、この解釈に従えば彼がカンに即位した一二〇六年が元の創設年次だということになる。だが知られるように、この時点では元という国号はいまだ制定されておらず、チンギスが名乗ったのはイェケ・モンゴル・ウルス、すなわち中国風にいえば大蒙古国であった。元以前の正式な国号は大蒙古国であり、簡称として漢地では「大朝」という国号も使用されたらしい。

他方、概説書の類を見ると、今日元朝の創設年次としては、大きく二つの説が通行している。一二六〇年説と一二七一年説である。前者はクビライがカアンに即位した年。後者は正式に元という国号が定められた年。実質面を重視すれば一二六〇年説が成り立つし（あるいは一二〇六年説も）、名分上からいえば一二七一年以外にあり得ない。つまり、いずれの説も誤りとはいえず、何に基準を置くかで導き出される結論もおのずと異なってくるわけだ。これが創設年次の一定しない大きな理由である。

じつはこうした創設年次の不統一は、満洲族の建てた清朝にも当てはまる。清の太祖ヌルハチが清の前身である後金国（アイシン国）を樹立したのが一六一六年。清という国号を定めたのは、その子太宗ホンタイジの一六三六年。そして明に代わって中国を支配するようになるのが、世祖順治帝の一六四四年。一般には明清交替年の一六四四年が漠然と清の始まりと思われているが、これも伝統的な中国中心史観の「旧弊」によるものだろう。この顰《ひそみ》に倣えば、元も同じような軌跡をたどっているだけに、南宋を滅ぼし全国を統一した一二七九年を、元の創設年次とすることもあながち無理な解釈ではない。

ことほどさように、清や元の成立年次を特定することは難しい。ただ清と元とでは国家の成り立ちが異なっており、両国を同列に論じることはできない。なぜなら、清は後金国がそのまま発展して中国を領有した国であるのに対し、元はユーラシア規模に膨張した大蒙古国が、やがて分裂して東アジアを中心に誕生した国だからである。早い話が、ヌルハチを清の創業者である太祖と呼んでも何の違和感もないが、チンギス・カンを元の太祖と呼称するには一定の留保が必要だということだ。

それというのも、チンギス・カンは大蒙古国の創設者であり、元は大蒙古国が分裂した後に生まれた諸汗国の一つにすぎない。たとえ元が諸汗国の宗主国であったとしても、大蒙古国のすべてを継承したわけではない。逆にいえば、チンギス・カンは元の創業者であると同時に他の諸汗国の創業者でもあるわけで、それをことさら元の太祖というような中華風の創業者に仕立てたのは、クビライ国家の作為のたまものに他ならない。中華の地に成立したクビライ国家＝元朝は、漢法にのっとりチンギス・カンを国祖に祭り上げることで、中華帝国の外被を補強したのである。

中華開統

元は大蒙古国以来の伝統を一方では継承しつつ、他方では中華帝国の外被を重ね着することで、漢地に適合した国家を作り上げていった。その転換点となったのが、クビライがカアンに即位した一二六〇年である。漢地に基盤を置くクビライが漢地支配のために打ち出した基本方針は、漢人ブレインとともに漢法を斟酌して中華帝国の外被を纏うことであった。中書省や六部などの中央行政機構をはじめ、枢密院（軍政）や御史台（監察）など漢法に倣った種々の新制度が立て続けに実現された。

この間、王朝の正当化のための措置も滞りなく講じられた。それを主導したのは、クビライ政権の最高顧問ともいうべき漢人の劉秉忠《りゅうへいちゅう》である。儒・仏・道の三教と風水に通じた怪僧劉秉忠は、クビライに仕えて顧問になると、やがて還俗してつぎつぎと中華帝国創建のためのプランを実行していった。そんな彼の数多い施策の一つに、元号(年号)の制定がある。クビライが自立した一二六〇年の五月、大蒙古国で初めての元号が建てられた。その名を中統という。

もともと天の子＝天子とは空間(天下)と時間とを支配するものであり、元号とは天子の治める天下に流れる時間を表す。元号は常に天子に付随し、その治世を象徴する記号の役割を果たしている。中国王朝が伝統的に冊封国に暦を授与するのは、それらの国が中国と時間を共有し、天子の支配下に入ったことを明らかにするためである。これを「正朔(暦)を奉ず」という。クビライが元号を建てたのは、一面では彼が中華風の天子として中華の地に臨もうとしていることを、内外に向かって闡明《せんめい》するものでもあった。このとき下された「建元号詔(元号を建てるの詔)」の一部を、意訳して示すと次のようになる。

朕は祖宗の天下を継承して疆土《きょうど》を拡充しようと思い、列聖の大法を分析し、前代の定制を講究してきた。元号を建て歳時を表記して、皇位が万世にわたって継承されることを示し、時間を記して王業を記録して、天下一家の大義を宣明することとする。『春秋』の正始(正統の始まり)に法《のっと》り、『大易』の乾元(万物の根源すなわち天)を体し、天子の大計を明らかに

し、太平の王道を開かん。庚申の年五月十九日より、建元して中統元年とする。（『元史』世祖本紀一）

この詔が、じつはクビライの名を借りた劉秉忠自身の考えであったとしても、ここで天下一家が明言されていることは重要である。率直に言って、この時点では天下一家は実現しておらず、クビライはカアンの地位に即いたにすぎない。だが、天下一家を宣言することで、クビライ政権の正当性が前面に打ち出され、中華支配を有利に運ぶことも容易になる。軸足を中国に移そうと考えているクビライ国家ならではの、漢人向けの宣言であったことは間違いない。

それは元号名にも端的に示されている。中統とは「中華開統」（『元文類』巻十六、東昌路賀平宋表）の謂いであり、中華の地で正統王朝を開くというクビライ国家の並々ならぬ決意表明以外の何ものでもない。なるほど国号は大蒙古国《イエケ・モンゴル・ウルス》のままではあったが、中統という中華風の元号の名乗りは、クビライ国家が漢地支配に向けて大きく舵を切り、中華王朝としての外被づくりに力を入れだす第一歩でもあった。今やクビライ国家はかつてのチンギス・カン時代の大蒙古国と同じではない。やがてクビライ国家独自の天下観のもと、中華風の国号を制定するのも時間の問題であったろう。

だが、すぐにはそうならなかった。そこにいたるまでには、まだいくつかの階梯を踏まねばならなかったからである。

一二六四年、アリク・ブケを倒したクビライは、劉秉忠の提案を受けて元号を中統から至元にあらためた。敵対する勢力を打ち破り、モンゴル帝国を統一したクビライは、おのれの国が新たな段階に立ちいたったことを、改元という行為で表明したのである。以後、クビライが亡くなる一二九四年までのちょうど三十年間、至元という元号はそのまま使用され、再び変更されることはなかった。

新元号の至元とは、『易経』の「至れる哉《かな》、坤元《こんげん》、万物資《よ》りて生ず。乃ち天を順承す」に基づくもので、このたびの改元には特別のねらいが込められていた。それは一言でいって、漢地に伝統的な天朝の論理にのっとり、クビライ国家の天朝としての正当性を理論的により磐石なものにすることであった。

もとより、この文言の直前には『易経』の有名な一節である「大いなる哉、乾元、万物資りて始む。乃ち天を統《す》ぶ」があり、坤元は乾元に対応している。知られるように、乾元の乾とは天、坤元の坤は地のことで、元は始めを意味する。つまり乾元とは天道の始め、すなわち天地万物の根源であり宇宙生成の原理、あるいは天そのものを指す。万物はその乾元と坤元とが感応しあって生じるのだから、坤元もまた天地万物の根源だということになる。

先に初めて元号を建てたときにも、「乾元を体し」た王朝国家の建設が表明されていたが、制定された元号自体は「中華開統」にちなんだ中統であり、中華王朝の誕生を宣言したものにすぎなかった。それに引き換え、至元は「中華開統」の本源にまでさかのぼり、天の理法でクビライ国家の中華統治を正当化しようというものであった。中統から至元への改元により、クビライ国家の天朝化が一段と進んだことはいうまでもない。ここでもまたクビライのブレインの英知と能力が、遺憾なく発揮されたというべきだろう。

天朝の都

クビライの中華王朝の外被づくりは、もちろん改元だけで終わったわけではない。至元の改元から三年後の一二六七年、いよいよクビライ国家の天朝としての本格的な首都建設が始まった。天の下、天下の中心に天子は存在し、その天子の居ます天下の中央に天朝の都がある。元号の制定を終えたクビライ国家の次の目標は、天に代わって天下に号令を発する天子の都の建設であった。天子が天に対して責任を負う以上、天子の都も当然天の理法にかなっていなければならない。中華帝国の外被づくりに努めるクビライ国家にとっては、ことに強く天が意識されたことだろう。

国家の威信をかけた首都(大都)の建設だが、この大事業もまた劉秉忠の主導のもとに執り行われた。彼が依拠したのは儒教の経典の『周礼《しゅらい》』であり、「考工記」の「匠人営国」の条に基づき、中央の宮城の南に朝廷、北に市場、東に太廟、西に社稷壇を置く「面朝後市、左祖右社」の理想的な都が歴史上初めて実現された。旧都の東北方、何もないまっさらな空間に宮城の宮殿や城壁、中書省や枢密院などの諸官署が計画的に建造され、旧都の住民も半ば強制的に移住させられて新都の充実が図られた。

綿密に計算されたペーパー・プランのもと、クビライ国家の中華統治に向けた首都造りは、じつに二十余年の歳月を費やし一二九三年にひとまず完成する。ここに天朝の都に相応しい景観と機能を備えた新しい都城が、北の大地に誕生することになった。新都自体は漢人を意識した漢地支配のモニュメント的な色彩を帯び、多分に中華帝国の外被としてのシンボル的役割を果たしたのも事実である。

歴代国都の中でもっとも理想型に近いこの都は、異民族王朝であるクビライ国家ならではの中

北京にある大都の城壁跡(通称「土城」，著者撮影)

華統治の産物でもあったということができよう。

大いなる哉、乾元

首都建設が急ピッチで進められている最中の一二七一年十一月、クビライはあらためて国号を定めて天下に向かって公表した。国号の名は大元。正式には大元イェケ・モンゴル・ウルスすなわち大元大蒙古国、略して大元国。いわゆる元朝の誕生である。

大元の名乗りを境に漢地では従来の大蒙古国に代わり、中華風の大元という国号が一般には使用されるようになる。漢地の住民にとっては、中華王朝としての元朝の統治が始まったのである。その翌年の一二七二年、新都の名称が中都から大都へと変更されるが、これもおそらく当初からの既定方針であったろう。一二六〇年の中統の建元以後、一二六四年の至元への改元、一二七一年の大元の誕生、そして一二七二年の大都への名称変更という一連の流れは、クビライ国家の緻密な計画的措置であったということだ。

というのも、中統と至元、大元、大都の三者では、その名称に込めた意味に明らかな違いがあるからである。つまり、単に中華王朝の成立を告げるための中統と異なり、至元は王朝誕生の根源にまでさかのぼり、宇宙生成の原理に基づき命名されたものであった。この至元という元号と、国号の大元、国都の大都には、すべて元ないし大という文字が使われており、そこには共通性が認められる。これこそ、クビライ国家が中華王朝の外被をいっそう補強し、天朝化の度合いを進展させた証左と見てよかろう。

何度もいうように、乾元とは天とか天地万物の根源のことで、当然のことながら大元の元も同様の意味を持つ。大元が『易経』の「大いなる哉、乾元」にちなんで命名されたことは、大元の「建国号詔(国号を建てるの詔)」も明確に記す。大元とは大いなる天のことで、しかもこの天はモンゴルなどの北方民族固有の天、テングリをも含意していた。唐の太宗が北方民族に対して称した天可汗《テングリ・カガン》のあのテングリである。大元という中華風の国号ではあるが、北方民族の思想も取り込んで、きわめて普遍的な概念となっていることが分かるだろう。

重要なのは、元という文字には天とか万物の根源以外に、別の意味もあることだ。それは大という概念である。元代の典故・制度を記した『経世大典』の序録には、次のように書かれている。

元というのは大のことである。しかし、大というだけでは十分にいい尽くせない。これを元というのは、元が大の極致であるからだ。

大の極致が元であるなら、元と大とは根底で通じ合い、逆に大にも天が宿ることになる。言い換えれば、大都の大は都を形容する単なる尊称ではなく、大いなる天の意味が込められているのである。つまり、クビライはまさしく天朝の都を大都と名付けたわけで、中都から大都への名称変更は、中統から至元への改元に対応した措置でもあった。天命を受けたクビライが大元という天朝を創建し、天下の中央に大都を建設して至元という時間を支配する。天子たるクビライは、元号、国号、国都の三者を通して天の理法を具現化し、大元の天下統治を正当化したのである。

大元の天下

大元の意味するところは、これだけに止まらない。じつは大元という国号には、さらに奥深い意図が隠されていた。

いったい歴代の王朝の中で、元のような抽象的な国号をつけたのは、元以前、他に例を見ない。秦や漢は初めて興った土地の名に由来するし、隋や唐は封ぜられた爵邑の名に基づく命名であった。隋の創始者楊堅は北周時代に隋国公を授けられ、唐の創始者李淵も父の唐国公を継承したことから、爵位にちなんで国号を建てたのである。

だが、それらは「概して至公を以てすれば、少貶《しょうへん》無きにしもあらず」、国号としては公平性を欠くと「建国号詔」は指摘する。従来の国号は特定の集団・地域・民族などを代表するだけで、広大な領域、多種の民族を支配するクビライ国家には不適切だというわけだ。それを解決するには、すべてを包括する抽象的な概念を用いるしかない。その結果選ばれたのが大元であり、そこに込められた意味は先に縷々述べた通りである。

こうした命名法は、同じ征服王朝である清朝も変わらない。ヌルハチが独立国を樹立したとき、彼は女真の後継を自負して金という国号をつけた。だが領域が拡大して、モンゴルや漢人を支配下に置くようになると、金という国号ではすべての民族をカバーできなくなる。そこでホンタイジのときに考案されたのが、これまた抽象的な概念である大清である。大清の意味については大元のように典拠がなく、諸説あって一定しないが、いずれにせよ大清という国号によって諸民族間の至公性は保障されることになった。

元と清に挟まれる明もまた抽象的な国号を名乗った点では、二王朝と異ならない。明の国号についても、マニ教(明教)に由来するとか紅巾軍の小明王にちなむものだとか諸説があり、いまだ定説を得ていない。いえることは、明もその領内には、女真族やら西南の少数民族やらの非漢民族を抱える多民族国家であったということだ。ただ明の場合、元や清と比べると格段に領域が狭いことが、逆に多民族国家の理念面を際立たせてしまった感がなくもない。この点については次章で詳述する。ともかく三王朝に共通するのは多民族の複合国家であること、そしてその国家にそなわる世界性である。

それを象徴的に示すのが、国号の上に冠せられた大という文字である。これ以前、かつて大漢とか大唐とかいう呼称は存在したが、そこでの大は尊称であって正式には漢であり唐であった。だが元以後は、大元、大明、大清が正式な国号であり、三王朝は宋以前とは明確に区別される。この大が、領域の広大さ、ひいては支配下の民族の多様性を含意していることはいうまでもない。クビライが尊敬してやまない祖父のチンギス・カンの事績を、彼は「建国号詔」の中で次のように顕彰する。

我が太祖聖武皇帝、乾符(天子のしるし)を握《と》りて朔土(北の地)より興り、神武を以て帝図(天子としての謀)を膺《う》け、四《よ》もに天声を震わせ、大いに土宇(国土)を恢《ひろ》げり。輿図(天下)の広きこと、歴古(古来)無き所なり。

クビライの顕彰を待つまでもなく、チンギス・カン自身、おのれの国をイェケ・モンゴル・ウルスすなわち大蒙古国と呼んでおり、さらに漢地では簡称ではあるが大朝と呼称して大を強調した。領域の広大さと多民族性こそが元以後の国家の特徴であり、それが大という概念で表現されたのである。伝統的な「宋・元」「明・清」というくくりが、いかに現実にそぐわないかがこの点からも理解できるだろう。あえて分けるならば、「宋」と「元・明・清」のグループとに区別すべきか。大元の天下が成立する前と後では、天下の内実も国家のありようも、大きく変化したといわざるを得ない。

南北の統一

これ以前、クビライが中統という元号を建てたとき、彼は同時に天下一家の大義を内外に向かって宣明した。もちろん、この時点では天下一家など夢のまた夢であり、まずはアリク・ブケとの骨肉の争いに決着をつけ、自己の基盤を確立することが最重要事であった。その後、帝国を統一して大カアンになったクビライが、中華帝国としての大元の建設に邁進したさまは先に見た。この間、真の天下一家の実現に向け、対南宋戦への準備も国内の体制整備と平行して、着々と推し進められた。

天下統一のための本格的な南宋攻撃は、クビライが大都建設に着工した翌年の一二六八年に始まった。それに先立ちクビライは華北各地で徴発した民間船や、新たに建造した多数の戦艦で水軍を編成し、来る南宋戦に備えて長江に注ぐ漢水で連日のように訓練を行った。こうして十分に用意を整えた上で、いよいよ南宋との間に戦端を開くのだが、これが有名な「襄陽・樊《はん》城《じょう》（ともに湖北省）の戦い」である。

漢水を挟んで対面するこの両都市は、南宋側からすれば北の最前線に位置し、戦略上の要地で陸軍・水軍を集結させていたため、元朝も長期戦覚悟で水陸両面から大軍を投入して南宋軍を攻撃した。『元史』によれば、当地に集結した元軍は陸上部隊が十万人、水軍は兵士七万人、戦船五千艘。数字には多分に尾ひれがついていようが、それにしてもかなりの兵力を動員して攻撃をしかけたことは間違いない。

けっきょく、元は約六年を費やして両都市を陥落させると、その後、一年ほどの準備期間をおいて再び江南地域に侵攻し、やがて一二七六年に南宋の都・臨安（杭州）を接収する。これをもって南宋は事実上、滅亡するわけだが、宋の皇室はその後も海路を通じて広東に逃れ、広州湾口の崖山に戦艦を浮かべて必死の抵抗を試みた。だが、もはや勢いに乗る元軍の敵ではなく、最後は宰相の陸秀夫が幼帝を背負って入水したことで、南宋は名実ともに滅亡する。クビライが南宋攻撃を始めて十余年。元の元号では至元十六年（一二七九）のことであった。

元の南宋攻略は、十世紀の契丹の燕雲十六州の占領以後、延々と続いてきた南北対峙の状況に終止符を打つものであった。遼の太宗や金の海陵王など、何人もの皇帝が挑戦しながら叶わなかった南北の統一が、漠北から興った元のクビライによってようやく達成されたのである。分裂していた二つの天下が一つとなり、クビライの掲げた天下一家の大義は現実のものとなった。クビライという天子によって大元の天下が完成し、真の天下一家が実現したのである。

しかも大元の天下は、従来の諸王朝の天下と大きく異なる点があった。単に中国だけに止まらず、さらに四方に向かって広漠たる領域が広がっていたのである。この現実は、その後の中国の歴史に多大な影響を及ぼすことになる。それは大元に続いて、大明、大清という広大な領土を持つ王朝が誕生したことからも明らかであろう。いったい、大元の天下は中国社会にどのようなインパクトを与えたのか。あるいは漢人の天下観に、どんな変化をもたらしたのか。それを知るには、元の世から遠くない明初の儒者に意見を聞くのが一番分かりやすい。

無限大の天下

明の成立まもない洪武二年（一三六九）二月、当代随一の学者である宋濂《そうれん》を総裁官として『元史』の編纂が始まった。戦乱の余燼のくすぶるこの混乱期に、わずか一年半という倉卒の間に完成した『元史』は、正史の中でもすこぶる杜撰といわれるいわくつきの代物である。だが杜撰であるがゆえに、当時の原資料をそのまま収めるなど思わぬ長所も存在する。また、明初の文人の対元朝観を、バイアス抜きでそのまま素直に表現した箇所も少なくない。その一つがもっとも政治とは縁遠い「地理志」である。そこには元の境域を次のように記す。

封建制が郡県制に変わって以来、天下を領有した者の中では、漢と隋と唐と宋が盛強であった。しかし版図の広さからいえば、すべて元には及ばない。漢は北狄（匈奴）に北方を塞がれ、隋は東夷(高句麗)を服属させることができず、唐は西戎(ウイグル・吐蕃など)に患い、宋は常に西(西夏)と北(契丹・女真)に悩まされた。元は朔漠(北方の沙漠地帯)より興って西域を併呑し、西夏を平らげ、女真(金)を滅ぼし、高麗を臣下とし、南詔(大理)を平定し、遂に江南(南宋)を下して天下を統一した。故にその地は、北は陰山を越え、西は流沙を極め、東は遼左(遼河の東)に尽き、南は海を越えた。思うに、漢は東西九千三百二里、南北一万三千三百六十八里。唐は東西九千五百一十一里、南北一万六千九百一十八里。元は東と南に至る距離は漢や唐を下らず、西と北は漢や唐以上で、里数で計ることは難しい。

傍線で示したように、この記述の中では天下という言葉が二カ所登場する。漢、隋、唐、宋の天下と元の天下である。文脈から明らかなように、前者の天下は郡県制(州県制)の施行された王朝の実効的支配領域、すなわち狭義の天下＝華の地域が念頭に置かれている。対する後者は、中国以外の周辺諸国も含む華＋夷の広義の天下を意味し、同じ天下であっても明確に区別されている。

注意すべきは、「地理志」の編纂者が元は広義の天下を統一したと明言し、広義の天下を実効的支配領域と同等に扱っていることだ。つまり、元は南宋を滅ぼし狭義の天下一家を実現したばかりか、広義の天下一家も地上に完成させたと彼らは考えたのである。従来、観念的に存在するか、あるいは修辞的に語られるだけであった広義の天下一家が、史上初めて実体として大元の世に出現したといえる。

明初の学者に見られるこの認識は、まさに元という時代を生き抜いた同時代人ならではの、肌身で感じとった対元朝観であった。彼らにとり、元はそれ以前の王朝と比べても、想像を絶する広大な天下を領有する王朝であった。少なくとも北方と西方に向かっては、大元の天下が「里数で計りかねる」ほど、どこまでも無限大に広がっていた。この想念が明の為政者に対して、まともに突きつけられることになる。元に代わって明が中華統治の正当性を得るには、元以上の天下を実現せねばならない。明の為政者には王朝成立時点から、こんな難題が課せられていたのである。だが、それを語るにはまだ少し早い。

紅巾の乱

クビライ時代にあれだけ全盛を誇った大元だが、十四世紀に入ってしばらくすると、政界内部の権力闘争やら財政政策の失敗などで、国家の屋台骨が大きく揺らいでくる。そこに連年のように天災・飢饉が押し寄せたものだから、民衆生活は壊滅的な打撃を被り各地に不穏な情勢が生まれてきた。

元朝最後の皇帝、順帝トゴン・テムル(在位：一三三三〜一三七〇)の至正十一年(一三五一)、未来仏の出現を説く白蓮教徒が反乱を起こし、これをきっかけに元朝の圧政や地主の搾取に苦しむ農民が一斉に蜂起した。彼ら白蓮教徒たちは反乱軍の目印として赤いターバンを頭に巻いたため、彼らのことを紅巾軍、反乱自体を紅巾の乱と呼ぶ。この反乱軍に身を投じて一気に皇帝の座にまで上りつめたのが明朝初代皇帝、太祖朱元璋（在位：一三六八～一三九八）である。明以後、一世一元号の制度が採用されたため、彼の治世の元号をとって洪武帝ともいう。

紅巾の乱（檀上寛『明の太祖　朱元璋』白帝社より）

濠州（安徽省鳳陽県）の片田舎で貧農の子として生まれた朱元璋が、やがて並み居る群雄を打ち倒して天下人になるというサクセス・ストーリーは、血沸き肉躍る興奮を呼んで興味は尽きないが、ここでは省略に従いたい。むしろ重要なのは、決して恵まれた環境にいたわけでもない彼が、なぜ最後に勝利して皇帝になったのかということだ。この疑問に対しては、なんといっても当時の中国の経済的先進地帯、つまり江南のど真ん中の南京を根拠地としたことが、最大の理由として挙げられよう。

大元の黄昏

もともと中原から見れば未開の辺境であった江南が、しだいに開発されて経済力で完全に華北を凌駕するのは宋代、とりわけ南宋時代にいたってからである。領域的には北宋に遥かに劣る南宋が、金や元に対抗できたのは、治下の江南の圧倒的な経済力と膨大な人口、そして当地の地主・知識人に主導された文化的先進性などによる。元によって併合されたのちも、元は江南に対して華北と同じ税制を施行することができず、旧南宋領の漢人を南人と呼んで政治的にも疎外するしかなかった。江南を完全に統治するだけの政治的力量が、元には十分にそなわっていなかったのである。

そんな江南に目をつけ濠州から南下したのが朱元璋であり、それはまた紅巾軍の主部隊が大都をめざして北上したのとは、まったく異なる行動であった。

朱元璋に先見の明があったかどうかは措き、彼の判断は間違いではなかった。長江を渡って元の江南支配の要地である南京(当時の集慶路)を攻略したのが一三五六年。そこを拠点に四方に向かって領地を拡大し、十二年後に彼は大明を創設する。すでに渡江以前に彼は南京攻略を最大目標に掲げ、それが叶うと当地を応天と命名した。応天、すなわち天命に応じて天下統一をめざすとの意思表明であり、のちに応天は大明の首都、天子の都となる。

朱元璋が南京政権を樹立すると、江南の地主・知識人の中には瀕死の元朝に見切りをつけて、人材・資金の両面から積極的に支援する者が現れ出す。朱元璋を擁立して元に代わる新たな天朝を、江南の地に建設しようと目論んだのである。貧農出身で何のしがらみもない朱元璋は、彼らにとって打ってつけの人材であった。

先の宋濂をはじめ朱元璋のブレインの儒者たちは、戦闘の合間を縫っては無学の朱元璋に儒学教育を施し、伝統的な中華帝国の天子に仕立て上げていく。彼らの薫陶を受け、朱元璋自身もいつしか天子の心構えを身に付け、天朝の何たるかを理解するようになっていた。今や朱元璋政権は農民反乱軍ではなく、秩序護持を標榜する地主・知識人のための政権へと変質するにいたった。大元が黄昏どきを迎えるなかで、朱元璋の脳裏に天下統一の四文字が浮かび上がってきても、決して不思議ではなかったろう。

天下の終焉

朱元璋が南京で新王朝を創建した洪武元年(一三六八)正月、北の大都には今なお元が存在した。クビライによって統一された天下は再び南北に分裂し、かつての元と南宋との対峙状況に似た光景が、東アジアに出現することになる。ただし、今回は以前のように北が南を圧倒するのと異なり、南が格段に優勢であった。長い中国の歴史の中で、南から興って統一王朝になったのは、後にも先にも明だけである。いまだ中国が一度として経験したことのない新たな局面を、朱元璋という男は今まさに切り開こうとしていた。

明が成立する前年の呉元年(一三六七)十月、「胡虜を駆逐し、中華を恢復しよう(駆逐胡虜、恢復中華)」とのスローガンを掲げ、大都に向かって北伐軍が南京を出発した。北伐軍は行く先々で元軍を打ち負かし、その年の末には山東をほぼ手中に収めるにいたる。怒濤のように進撃する明軍は翌洪武元年二月に河南に到達すると周辺地域を攻略し、さらに閏七月にはとうとう通州(北京市通州区)をも奪って大都の目前に迫った。

明軍の接近を聞いて、大都の順帝はパニックに陥った。明軍のことなどそっちのけで、北方への逃避策を練るありさまであった。宰相たちが諫言を呈しても、彼の耳には一向に届かない。このとき宦官の趙バヤン・ブカが慟哭しながら訴えた。

天下は世祖陛下の天下でありますれば、陛下はそれを死守する義務がございます。どうしておめおめと捨て去ってよいものでしょう。臣らが軍民やケシク(親衛隊)を率いて城を出て防戦いたしますので、どうか陛下は京城を固く守って下さいませ。(『元史』順帝本紀十)

大元の天下は世祖クビライのものだとする趙バヤン・ブカの認識は、中国伝統の天下観が元の為政者たちにも共有されていたことを物語る。だが恐怖におののく順帝が、その忠告に従うはずもなかった。その夜、順帝一行は健徳門を開いて宮殿を抜け出すと、夜陰に乗じて北の地に出奔した。それから四日後、明軍は大都に攻め入り、ほとんど何の抵抗も受けずに首都の制圧に成功する。クビライが大都に都を置いて百有余年、ここに元朝の中国支配は終幕を迎えたのである。

大都を去った順帝は、しばらくは夏の都である上都にとどまっていたが、やがて明軍の追撃を受けて応昌(内蒙古タール・ノールの西南)に走り、ほどなくその地で病を得て亡くなった。一月後、応昌を急襲して皇太孫マイダリ・バラを捕獲した明軍は、勇躍南京に凱旋してくる。皇太子アユルシリダラはあと一歩のところで取り逃がしたものの、大々的に「沙漠平定の詔」を発するほどの大勝利であった。

勝利で賑わう首都の喧騒の中で、元・明交替を正当化するための方策も、抜かりなく遂行された。その一つが、南京に護送されてきたマイダリ・バラに爵位を与え、手厚く遇したことである。明の天子の徳を慕って夷狄が帰順したとし、崇礼侯というもっともらしい爵号を授けて天子の徳化の証しとしたわけだ。

また、大元の天下が終焉を告げた現在、大元の天子には天命に順《した》がって中華を去っていただくしかない。今は亡き大元最後の皇帝トゴン・テムルには、順帝という諡号《しごう》(おくり名)を贈って丁重に弔った。新天子の朱元璋としては、やっておかねばならない最低限の措置を施したということだ。朱元璋のブレインもクビライのブレインに負けず劣らず、巧妙かつしたたかであったという他ない。

第九章　天下一家から華夷一家へ——明

元・明革命の正当化

じつは朱元璋とそのブレインによる元・明交替の正当化は、すでに明が成立する以前から始まっていた。

もともと伝統的な易姓革命（天子が徳を失って天命が革《あらた》まり、他姓の有徳者が天子になること）の論理でいえば、明は元に代わって天下を統治するのだから、何はともあれ元の天下支配をいったん正当化せねばならない。前王朝の元の徳が失われたため、代わって明に天命が下ったのだとすることで、明の天下統治が正当化されるからである。ただし、忘れてはならないのは、元・明革命は通常の易姓革命と異なり、夷から華への王朝交替をともなっていることだ。元の支配を正当化するとは、畢竟《ひっきょう》、夷の中国支配を正当化することでもあった。

ここで想起すべきは、華と夷の違いに関する三つの観点である。①民族の違い（漢族か否か）、

②地域の違い（中心か外縁か）、③文化の違い（礼・義の有無）、この三つの観点が中華統治に際して、時と場合に応じて使い分けられてきた。元・明革命については、このうち②と③の観点に基づき、たくみな論理操作で王朝交替が正当化された。しかも、宋や南宋が民族的に遼や金を夷狄視したのと異なり、華（明）みずから夷（元）の中華支配を認めて、夷から華への王朝交替を論理整合的にあとづけたのである。それは北伐時の檄文の中に端的に示されている。

呉元年（一三六七）十月、「駆逐胡虜、恢復中華」のスローガンのもと、征虜大将軍徐達、副将軍常遇春に率いられて二十五万の北伐軍が南京を出発した。それに先立ち、朱元璋は北方の民に向けて次のような檄を発した。

昔から帝王が天下を統治するのに、中国は内にあって夷狄を制し、夷狄は外にあって中国を奉じて来た。夷狄（夷）が中国（華）にいて天下を治めたことなど聞いたことがない。ところが宋の命運が傾いてより、元が北狄でありながら中国に入って主となると、四海（天下）の内外の者で臣服しない者はいなくなった。これがどうして人力であろうか。じつに天授という他ない。かの時（クビライ時代）は君主も聡明で臣下も優秀であったため、十分に天下を繋ぎとめることができた。しかし道理に通じている者や志のある者の中には、上下の位置が転倒してしまったと嘆く者がいたのも事実である……。これ以後、元朝の臣下は祖訓に遵《したが》わず、人倫に悖《もと》る行為を平気で行った。また君主の後継者たちも荒淫に耽溺し、君臣の道を失うにいたった。加えて宰相は権力を専断し、御史台は権力をかさに恨みを晴らし、役人は民衆を虐げた結果、人心は離叛し、天下に反乱の兵が起こり、我が中国の民をして、死者は肝脳を地にまみれさせ、生者は肉親ですら相守れなくしてしまった。人事のなせることに起因するとはいえ、じつは天が元の徳に嫌気がさして、元を見捨てる時だとしたのである。(『明太祖実録』呉元年十月丙寅)

かつて夷であった元も、有徳の君主(クビライ)が天命を受けたことで、中国に入って中華の地を統治した。だがすでに徳を喪失して夷に戻った現在、中華の地を去って新たな有徳の君主(朱元璋)にその地位を譲るべきである。元が異民族だから中国から放逐しようというのではない。徳を失い夷狄に戻った元が、中華の地＝中国に留まり続けていることが問題なのだ。「中国は内にあって夷狄を制し、夷狄は外にあって中国を奉じ」るものだからである。華夷の違いを内と外(中心と外縁)、礼・義の有無から解釈することで、みごとに元・明革命が正当化されていることが見て取れよう。

中華の復興

洪武元年(一三六八)正月四日、大都に向かう北伐軍から戦勝の報がつぎつぎと舞い込むなか、朱元璋は京師《けいし》の南郊で天地を祀って皇帝に即位し、国号を大明とした。厳粛な即位儀礼を滞りなく終えると、彼は世子(皇太子)および諸子をひきいて先祖の神主《しんしゅ》(位牌)を太廟におさめ、高祖父、曾祖父、祖父、父の四代にわたる祖考(亡父・亡祖)とその妣《ひ》(祖考の妻)を追尊して、それぞれ皇帝と皇后とした。中華王朝の統治者にふさわしい自己の血統を作り上げ、礼治国家の体裁をまず整えたのである。

新王朝の成立にともなう礼制の整備は多方面に及び、翌二月には衣冠制度に関しても次のような方針が打ち出された。

詔して衣冠の制度を唐制に戻すこととする。当初、元の世祖クビライは朔漠より興って天下を領有し、ことごとく胡俗でもって中国の制度を変更してしまった。……(華の民の中で)甚しきは、その姓氏を胡名とし、胡語を習ったりしたため、胡俗が長く続いても、誰もまったく怪しむことはなかった。しかし上(朱元璋)は久しくこの状況を嫌っておられたので、ここにいたって命令を下され、ことごとく衣冠の制度を唐制に戻された。……その辮髪・椎髻《ついけい》・胡服・胡語・胡姓を一切禁止し、程よく整えられたのは、皆な聖心(天子の御心)に基づく。ここにおいて百有余年つづいた胡俗は、ことごとく中国の旧に戻された。
(『明太祖実録』洪武元年二月壬子)

新王朝の門出に際して中華の風俗への回帰を掲げ、大元の世が終焉したことを天下に向かって高らかに宣言したのである。

これらの措置や北伐の「駆逐胡虜、恢復中華」のスローガンから、かつて元・明革命は漢民族国家の復興、すなわち民族革命だと評価する向きもあった。朱元璋は、モンゴルの支配から漢民族を解放した民族の英雄であり、元・明革命は辛亥革命と並ぶ民族革命だとみなされたのである。そこには元＝夷、明＝華との前提のもと、夷から華への変化を単純に漢民族国家の復興と捉える、漢族中心主義に基づく大きな誤解があった。

はっきり言って、朱元璋はこのとき中華の恢復や中華文化の復興は主張しても、漢民族の復権やその習俗を復活するとはどこにも述べていない。朱元璋自身、檄文の中で次のように明言している。

モンゴル人や色目人《しきもくじん》(中央・西アジアの人々)は華夏の族類ではないが、共に天地の間に生を享けた者である。礼・義を知って臣民になることを願う者がおれば、中華の民と同じように面倒をみることにしよう。

中華の礼・義を体得すれば、モンゴル人や色目人であっても華として待遇するという。彼の言葉には民族主義的な色彩は一切なく、まして民族革命を煽るような言動など微塵も認められない。

明の国内には、元と同様、多数の非漢民族が存在していた。そんな状況下で、一方的に漢民族国家の復興を主張することは、新王朝にとって得策であるはずがない。先の詔の中でも「唐制に戻す」とか「中国の旧に戻す」とはいっても、「漢俗に戻す」との言葉はどこにも見当たらない。ここに朱元璋とそのブレインたちの周到な計らいを、見て取ることができるだろう。多民族国家・明が標榜したのは、あくまでも胡俗を排して伝統的な中華を蘇らせ、新たな大明の天下を樹立することであった。

大明の天下一家

元末の混乱で疲弊しきった国土を再建し、新王朝の中華統治を開始するために、朱元璋は大明の体制作りに脇目も振らずに邁進した。特に江南地主・知識人に支えられた南人政権の大明とすれば、統一王朝の政治的基盤をどこに置くかで王朝の性格も定まってしまう。従来のように江南地主・知識人に頼っているだけでは、あまりに南に偏った南の利益を代表する政権にならざるを得ない。南を抑えて北を優遇することは、統一王朝を維持するための必須の要件であった。王朝成立まもない洪武元年三月に、朱元璋は次のような方針を発表した。

今や天下が一家となった以上、用人の道は至公無私を旨とする。(『明太祖実録』洪武元年三月甲戌)

ここでの至公無私は、単なる一般論としての施政方針を述べたものではない。南北が統一されて天下一家となった現在、官僚の任用に当たっては南北分け隔てなく平等に扱うという、朱元璋の確たる決意表明でもあった。

だが結論からいえば、こうした措置はたとえ用人面での公平性は実現できたとしても、構造的に固まった江南優位の仕組みを抜本的に改めるものではない。大明成立以前から政界のポストを独占する江南出身者は、南京を中心に地縁・血縁の癒着のメカニズムを作り上げ、利権の網の目を張り巡らしていた。彼らにすれば、こうした既得権を保障するために、積極的に朱元璋の国造りを支援してきたのである。彼らの意識下では、大明はまさしく自分たちのために誕生した王朝であった。

かたや大明の君主たる朱元璋の考えは、また違った。ブレインの儒者たちから徹底した儒学教育を受けた彼は、あるべき天下観をすでに持ち合わせていた。それは天子を頂点に、身分の上位者と下位者が自己の分《ぶん》をつくすことで、上下の関係が安定的に保たれている世界。君と臣、官と民、士と庶、主《しゅ》と佃《でん》(地主と小作人)、主と僕(主人と奴隷)、長と幼(年長者と年少者)等々がそれぞれおのれの分を果たせば、天下の秩序は間違いなく維持される。それを怠るから、元末の反乱のように秩序が崩壊するのである。彼のこの思いはいつしか信念となり、片時も彼の脳裏から離れることはなかった。

たしかに新王朝の成立で、荒廃した国土もしだいに回復の兆しをみせてはいた。しかし、それはまた今まで混乱によって覆い隠されていた諸矛盾が、かえって白日の下に曝されることをも意味した。朱元璋の眼前に広がる大明の天下には、官僚の汚職と地主の大土地所有が広範に蔓延し、上位者の私利の追求で下位者である貧者や弱者は自分の居場所すら見出せていない。これでは夷狄に堕したあの大元の天下と、何ら変わりがないではないか。朱元璋にとり、おのれが実現した天下一家の実態は、彼の理想とは程遠いものであった。

のっぴきならない事態をみて、朱元璋はここで思い切った策に打って出る。それは用人面での至公無私などといった悠長なものではなく、横行する江南出身者の個々の私を摘発して、しらみつぶしに抹消するという苛烈なものであった。彼自身、天朝による儒教国家の実現をあきらめたわけではない。逆に強く願っていればこそ、まずは障害物の除去が必要だというのが、彼の考えであった。

いわゆる刑罰は世に軽く、世に重きなり。(『明史』刑法志)

この信念のもと、彼は天朝の実現に向けて徹底した法治を実施していく。

恐怖政治

江南出身者の癒着の連鎖を断ち切るために、朱元璋の改革は官界と民間との両面で同時並行的に行われた。官界についていえば、もともと明初の官制は元の制度をそのまま採用したものであったが、明朝的なものへと変更が加えられた。

洪武九年(一三七六)、地方で絶大な権力を握っていた十二の行中書省が廃止され、省ごとに布政使司(行政)・按察使司(監察・司法)・都指揮使司(軍事)の三権分立体制が確立された。さらに洪武十三年には、中央の宰相府である中書省を廃止し、六部(吏・戸・礼・兵・刑・工部)を官僚機構のトップに立てて皇帝に直属させた。古代以来、連綿と存在してきた宰相がなくなり、官僚の権限が分散・縮小されたことで、皇帝権力は比類ないほどに強化されることになった。

しかもこれらの改革は、地方官の不正経理(空印の案)、宰相の謀反(胡惟庸《こいよう》の獄)といった、半ば捏造された疑獄事件と関連して断行された。多数の官僚が左遷や処刑の憂き目にあい、官界の大刷新が図られたのである。このとき弾圧されたのは官僚だけでなく、民間の商人や地主、知識人、一般農民などあらゆる階層が含まれ、建国の功臣や朱元璋のブレインですら免れることはなかった。彼らは胡惟庸の獄では「胡党(胡惟庸の一味)」という罪名で逮捕され、まともな審理も受けずにつぎつぎと処刑された。その数、約一万五千人。

こうした疑獄事件は洪武朝一代にわたって前後五回起こされ、その都度多くの者が粛清の対象となった。処罰されたのは本人ばかりか、家族あるいは一族全体に及び、一説では十万人以上の犠牲者が出たといわれる。また、処刑法も見せしめを目的としたきわめて残忍なもので、見るに堪えない情景が各地で繰り広げられた。まさに恐怖政治とも呼ぶべき殺戮の嵐が、朱元璋の治世中には激しく吹き荒れたのである。

秩序の上位者に大鉈《おおなた》を振るう一方、下位者に対してもおのれの分を知らしめる措置が入念に施された。下位者の大多数を占める農民は里甲制という郷村組織に編成され、税と徭役を担わされたのはもちろん、たえず「六諭《りくゆ》」を通じて儒教道徳を叩き込まれた。「父母に孝順なれ。長上を尊敬せよ。郷里に和睦せよ。子孫を教訓せよ。各々生理(職業)に安んぜよ。非為(非行)

を作《な》すなかれ」。そこでは上位者には従順で、かつ自己の分に安んじて決して秩序を乱さない下位者が、理想像として期待されていた。

本来儒教の理念では、天子をはじめ各自が分を守って徳と礼を実践すれば、一切の対立がなくなり秩序は維持されることになる。だが大明の天下では、朱元璋という人物によって他律的に分が守らされ、強権的に儒教国家の建設が進められた。

もっとも彼の意識下では、おのれはまぎれもなく儒家の徒であり、法治は徳治に備えた地ならしにすぎない。汚職官僚や不正地主を粛清することに、おそらくなんの痛痒も感じていなかったであろう。秦の始皇帝以来、無数の皇帝を誕生させた長い中国の歴史の中で、狂気と信念の非人間的な皇帝を、明初という時代は生み出してしまったのである。

長城と海禁

明初の統制的な国家体制は、国内だけに限定されたわけではない。対外的にもきわめて統制的な政策が推し進められた。

これより以前、元を中国から放逐した朱元璋は、勢いに乗って洪武五年(一三七二)に彼らの故地のモンゴリアを急襲したものの、逆に大敗北を喫したことで、北方に対しては専守防衛策へと方針を転換した。万里の長城に沿って多数の軍隊を配置し、のちには朱元璋の諸子の王たちを重要地点に分封して、北の守りの要としたのである。明にとっては長城がほぼ防衛ラインとなり、以後明一代を通じて、このラインを挟んでモンゴルと対峙することになる。今日に残る長城の大半は、明中期以降に建造されたものである。

明の国防は北方だけではなかった。東に向かって無限に広がる海洋にも、細心の注意を払う必要があった。宋代以来の海外貿易の発展は元のときにピークに達したが、逆に海上を行き交う商船を目当てに海賊活動も活発化した。さらに十四世紀半ばになると、南北朝の争乱で混乱した日本から倭寇が襲来し、朝鮮半島や中国沿岸部は甚大な被害をこうむった。明が成立した頃には中国の海賊ともども、倭寇の活動範囲はますます拡大し、両者協力して沿岸部に侵寇することもあった。

この状態に対処するために、朱元璋が断行したのが海禁に他ならない。沿岸部の民衆が海に出ることを禁止し、海上勢力との結託を防いだのである。やがて海商による民間の海外貿易も一切禁止され、対外交流は国家間の朝貢制度に限定されるようになる。海外貿易は朝貢貿易だけとなり、それ以外はすべて密貿易とみなされた。これ以後海禁は従来の海防に加えて密貿易の取締まりも担い、朝貢制度を運営する上での補完装置として機能することになる。海禁と朝貢制度とがドッキングした明代独自の体制、いわゆる海禁＝朝貢システムの成立である。

北方では長城が華（明）と夷（モンゴル）を分断し、南方では海禁が華（明）と夷（海外諸国）を分離させたため、朱元璋の対外政策は内向きで消極的であったとの評価が一般的である。宋代や元代には活発に海外貿易が行われていたのだから、明の対外政策がことさらそう見えるのもやむを得ない。かつて中国の研究者の中には、こんな明の方針を「閉関鎖国主義」と呼び、中国の近代化が遅れる大きな要因とみなす見解も存在した。だが、明の対外政策ははたして、明の国内だけに閉じこもる鎖国などという概念で表してよいものだろうか。

華夷に君主たり

じつは、一見したところ消極的な対外政策に見える華と夷の分断策だが、朝貢制度の運営面ではきわめて有利に働いていた。なぜなら、国際交流を国家間に限定したため、多数の周辺諸国が明の冊封を受け、東アジアに国際秩序を現出したからである。貿易目当ての国や明の権威を必要とする国が絶え間なく入貢し、今まで中国と国交のなかった国の中にも新たな朝貢国を生み出すにいたった。明は民間での華と夷の分離を逆手にとって、国家間での華と夷の統合を推進していった。

たしかに、明は民間貿易の面では閉鎖的であったかもしれないが、対外政策自体は消極的だったわけではない。むしろ国家間では、他の時代以上に積極的な交流が展開された。洪武年間だけでも十七の国が来貢し、明の皇帝との間に君臣関係が結ばれたことは、積極外交の表れと

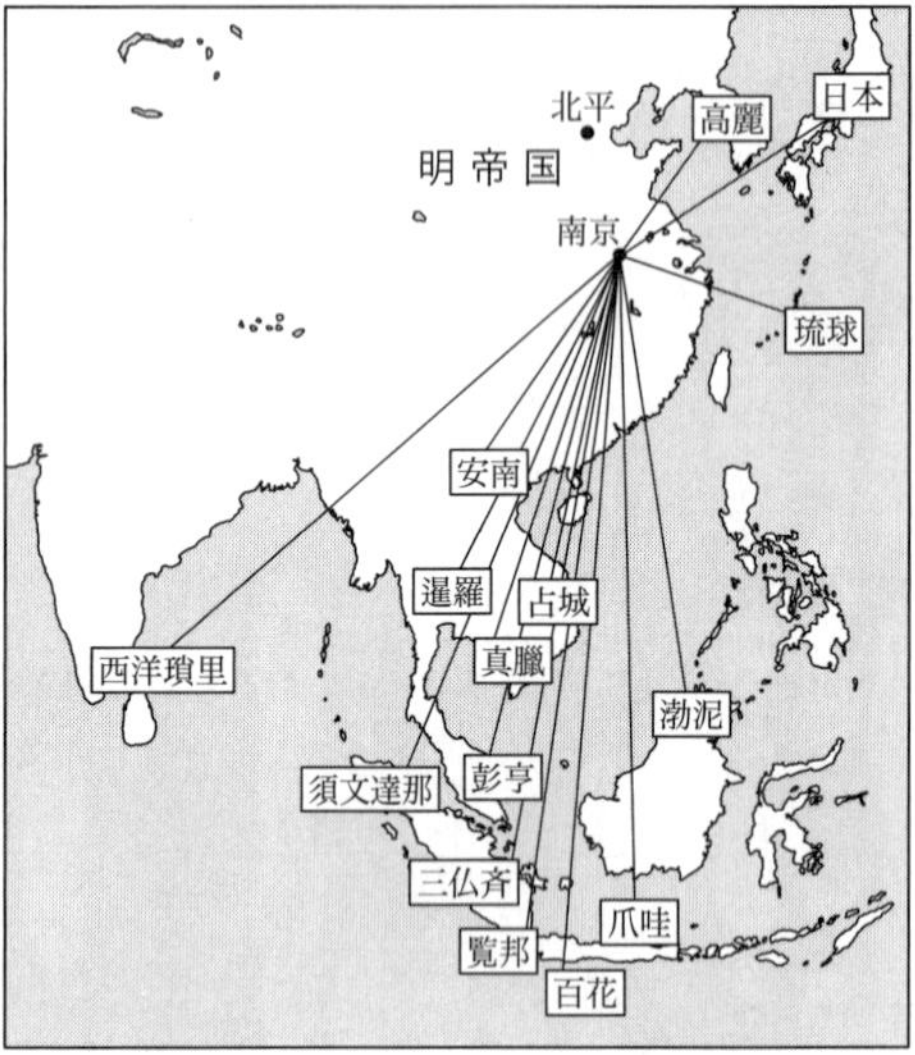

洪武時代の朝貢国（檀上寛『明代海禁＝朝貢システムと華夷秩序』京都大学学術出版会より）

みなし得る。明の対外政策の根本理念は、広義の天下に冊封・朝貢に基づく明中心の礼的秩序（国際秩序）を確立し、華夷統合の形象を作り出して、大明の天下統治を正当化することであった。

朱元璋がここまで華夷統合に力を入れたのには、当然理由がある。何よりも元・明交替期の混乱で崩壊した国際秩序を、再確立する必要があったこと。新王朝の明には、その義務があった。

さらにまた明の直前の元が、華と夷を含む広大な領域を持つ多民族複合国家であったことが大きい。明が元に代わって新たに天命を受けた以上、その支配を正当化するためには、元に匹敵するか、あるいは元以上の領域を支配せねばならない。単に中華の復興を謳うだけでは不十分であり、夷に対する支配をも実現する必要があった。

もちろん、現実問題として、それはかなり困難な仕儀だといわざるを得ない。明は元を大都から放逐したものの、モンゴルを完全に支配下に置いたわけではない。にもかかわらず、朱元璋は華と夷の統合を内外に向かってさかんにアピールし、明の正当性を主張した。「華夷を統一す」「華夷を間《くべつ》する無し」「華夷に君主たり」などの言辞がそれである。なかでも「華夷に君主たり」の文言は、官・民や蕃王に下す詔勅、天地を祀る祭文等さまざまな局面で用いられ、朱元璋の華夷統合にかける意気込みが示された。

なるほど、これらの言辞は、もとよりまったくのでたらめだというわけではない。先述したように、明代には周辺諸国の大半が明の冊封国か朝貢国になっており、朱元璋が華夷の君主を自称するのも、ある意味当然であった。だが、ここで注意すべきは、朱元璋が「華夷に君主たり」とは述べても、華と夷の広義の天下が一家となる、つまり天下一家という言葉は一度として使っていないことだ。

おそらく彼のこうしたためらいは、夷の中の夷であるモンゴルの存在を慮ってのことであろう。この時期、モンゴルは弱体化したといっても、依然明に反抗するだけの勢力を維持し、常に中国内地をうかがっていた。海外諸国を念頭に「華夷に君主たり」とはいえても、モンゴルの存在を思えば「天下一家」を公言できるはずもない。華夷の統合をめざす朱元璋からすれば、精一杯の表現が「華夷に君主たり」や「華夷を統一す」であったと解される。

すでに朱元璋は王朝成立時点で、狭義の天下一家を宣言していた。他方、「沙漠平定の詔」を発したときも、のちに元の残存勢力の納哈出《ナガチュ》を降して遼東を獲得したときも、彼は広義の天下一家を宣言していない。彼の認識では狭義の天下は一家になっても、広義の天下はまだ一家ではなく、二つの天下には矛盾があったのである。この矛盾が解消され、二つの天下がともに一家になるのは、華夷統合に命をかけた永楽帝の時代を待たねばならない。

洪武から永楽へ

洪武三十一年(一三九八)閏五月、太祖朱元璋が波乱の一生を閉じると、代わって即位したのは孫の建文帝(在位：一三九八～一四〇二)であった。年若い建文帝は北辺地帯に分封されている叔父の諸王を恐れて、彼らの兵権を強引に取りあげ「削藩」を断行していった。これに反発して南京政府に反旗を翻したのが、かつての元の都・大都(明の北平)に分封されていた燕王朱棣《しゅてい》である。彼は「君側の難を靖んじる」という名目で兵を起こし、「靖難の変」と呼ばれるこの内乱に勝利して、第三代皇帝として即位する。成祖永楽帝(在位：一四〇二～一四二四)である。

簒奪という非合法な方法で即位した永楽帝は、当初から原罪を背負わされていた。朱元璋が元・明交替の正当化を課せられたのに対し、彼はそれに加えて自分自身の即位の正当化も果たさねばならなかった。しかも、ただでさえ反発の強い南京で新政権を発足させたのだから、前途多難のさまは誰もが予測できた。

彼は即位後まもなく、建文政権の削藩政策の首謀者と、建文帝に忠誠を尽くして自分に臣従しない官僚・知識人を逆臣として捕らえ、彼らの家族・親族・知友ともども粛清した。その数、一万人以上。彼は父朱元璋と同様、治世の障害物をまずは除去して政権の安定を目論んだのである。だが、即位早々に起こされた「壬午殉難」と呼ばれるこの大殺戮で、永楽帝への反発がいっそう高じたことは想像に難くない。

逆臣の処刑を名目としたある種の報復措置を施しながら、彼は衆人環視の敵地南京でおのれの地位の正当化を図らねばならなかった。これが、一方ならぬ困難をともなったことは言を俟たない。正当化の手段として考え得ることはただ一つ。天命を受けた朱元璋の正統な後継者として、大明の天下を統治する真天子の形象を作り上げることであった。特に彼の場合、原罪をつぐなうためにも内政・外政両面にわたり、誰もが真天子と認めるだけの顕著な実績をあげる必要があった。彼の優れた点は、そんな逆境の中で実際にそれを成し遂げて、後世に永楽の名を残したことである。

内政面では、彼はブレインたちの協力を得て、永楽朝一代を通じて文治に専念した。徳化の証しとして、文運隆盛のさまを永楽の世で実現したのはその一例である。中国最大の類書（百科事典)『永楽大典』をはじめ、皇太子のために君主の心得を説いた『聖学心法』など、多くの勅撰書がつぎつぎと編纂された。特に前者については、二千名以上の学者・知識人を総動員して完成させたが、そこには彼らを編纂事業に没頭させ、自分への批判を逸らすという永楽帝のしたたかな計算も働いていた。

また、六経《りくけい》(易・書・詩・礼・楽《がく》・春秋)に記された天の道を明らかにし、人々に教え伝えることを目的に、『四書大全』『五経大全』『性理大全』の三『大全』が刊行された。これらは朱子学の解釈に基づく注釈書であり、科挙受験のための国定教科書と定められ、全国の学校に配られた。永楽帝は『大全』の編纂によって朱子学を国家公認の体制教学とし、知識人の思想を統制しようとしたわけだ。父朱元璋のめざした他律的な儒教国家の建設は、永楽帝によって最終的に完成を見たともいえる。

華夷一家をめざして

内政面での治績もさることながら、彼の真骨頂がもっとも発揮されたのは、何といっても外政面である。先に見たように、朱元璋は「華夷に君主たり」とは主張したが、天下一家という言葉は最後まで口にしなかった。永楽帝は即位の初めから、何のためらいもなくその言葉を使用した。しかも彼は、明以前には誰も使ったことがないような、彼独特の言い回しで天下一家を表現した。永楽帝によって初めて唱えられた天下一家に代わる新たな天下観、それが華夷一家に他ならない。

クビライの築いた国際都市・大都で青年時代を過ごし、モンゴルと何度も戦闘を交えた永楽帝は、内地の南京で一生を終えた父親の朱元璋にはない優れた国際感覚を身につけていた。今や北平と名を変えたその都市には、漢民族以外に多くの異民族が暮らし、独特の異国情緒を醸し出していた。しかも、永楽帝(当時の燕王)の周りには、クビライの痕跡があちこちに残っている。何よりも燕王の住む隆福宮は、クビライが皇太子チンキムのためにわざわざ建設したものであった。彼が世祖クビライを意識しなかったはずがない。

『元史』地理志の中に記されていたように、明初の人々にとりクビライの建てた大元は、華と夷の広義の天下を実際に統一した初めての王朝であった。無限大に広がる天下を領有したのは、前王朝の大元以外いまだ存在したことがない。その大元の都の大都で成長し、モンゴルとの抗争で鍛え抜かれた永楽帝が、大明の新天子となったのである。簒奪者である自己の地位の正当化のために、クビライ越えをめざしても決して不思議ではない。否、彼にはそれしか道は残されていなかったはずだ。

父の太祖朱元璋の時代、周辺諸国と朝貢関係を結んで華夷の統合を実現した明は、「華夷に君主たり」としきりに主張してその体制を正当化した。だが、この発言はもともと海外諸国を念頭に置いたもので、すべての夷が明の臣下となったことを意味しない。

一方、永楽帝は父の実現できなかったモンゴルの制圧も含めて、華夷全体に君臨してこそ真天子たり得るものと考えていた。少なくとも、彼のその後の言動から判断して、そう理解してほぼ間違いない。それは父朱元璋を乗り越えるだけでなく、クビライと同等か、あるいはクビライを越えることで初めて達成されるはずである。永楽帝には、「華夷に君主たり」よりもいっそう高次の新たな統治理念が必要であった。彼はそれを華夷統合の究極の境地、華と夷が一つの家族となった華夷一家の観念の中に見出した。彼にとってはその実現こそが、自己の正当性をかけた畢生の課題とならざるを得なかったのである。

クビライを越えて

永楽帝は二十二年間の治世中、華夷一家の形象を作り上げるために華々しい対外政策を展開した。その手始めは即位と同時に周辺諸国に使者を遣わし、積極的に朝貢をうながしたことである。

これに応えて多くの国が来朝したが、なかでも永楽帝を喜ばせたのは、日本国王源道義(足利義満)の使者が来朝してきたことであった。あのクビライですら二度まで敗戦を喫した(文永・弘安の役)日本が、自ら進んで永楽帝の即位を慶賀して朝貢してきたのである。日本のねらいが日明貿易のもたらす利益にあったとはいえ、永楽帝が感激しないはずがない。彼は義満の忠義を多とし、義満の死亡時には恭献王という諡号を贈って、その忠誠心に応えている。

永楽帝の華夷一家への野望は、止まるところを知らなかった。彼は永楽三年(一四〇五)以来、宦官鄭和に戦艦六十余隻(小船を加えると二百隻あまり)、兵士二万七千余名の大艦隊を率いさせ、前後六度にわたって南海遠征を挙行した。めざすは東南アジアからインド洋、アラビア、遠くはアフリカ東海岸であり、彼は天下の果てまで天子の威光を轟かせようとした。この結果、内陸諸国も含めて六十余国が来朝し、明の冊封を受けて君臣関係が結ばれた。こと朝貢国の数に限れば、永楽帝は父朱元璋はおろか、クビライをも凌いでいたといってよい。

多くの国を朝貢体制に取り込む一方で、永楽帝は明の領土拡張にも旺盛な意欲をみせた。永楽四年十月、靖難の変の混乱時に安南(ベトナム)が明の領土を侵犯したり、かってな振る舞いをしたとの口実で、永楽帝は公称八十万の明軍を安南に進攻させた。明軍が翌年五月に安南を占領すると、彼は当地を交趾《こうし》とあらため、国内と同じ行政制度をしいて完全に内地化する。かつてクビライが斥けられた安南を降して領有したことは、日本の朝貢と同様、彼の自尊心を十分満足させたに違いない。

南の安南とは別に、北に向かっても明の領土は格段に膨張した。東北方面の女真族に対し、積極的に招撫策を施したのである。これを担当したのが女真人の宦官亦失哈《イシハ》であり、彼は永楽九年以来、艦船を率いて黒竜江下流に進出すると、当地にヌルカン都司という軍事機関を置いて遼東経営を行った。このため、洪武年間にはわずか五つであった女真族の羈縻衛所が、永楽時代には二百余りに増加した。東北方面もまた永楽帝の努力により、元に劣らぬほどの広大な領域を確保したといえる。

永楽の盛時

永楽帝の対外政策の中で、何といっても最大の壮挙は、帝自ら五十万の大軍を率いて敢行したモンゴル親征であろう。永楽八年を皮切りに、彼が亡くなる永楽二十二年まで、前後五回にわたって漠北のモンゴルと別部族のオイラトとを交互に攻撃した。実質的な戦闘と戦果がどれだけあったかは措き、幾度となく繰り返された皇帝の示威行動により、北辺の騒擾がひとまず鎮静化したのは間違いない。

こんな永楽帝の積極攻勢により、一時的ではあるがモンゴル・オイラトともに明に降って冊封を受け、永楽帝から金印や官爵を授かったことは、大明誕生以来の特記すべき事件として注目されてよい。決して彼らは心底から永楽帝に帰服したわけではないが、順寧王、賢義王、和寧王など明の王爵を授与され表面的には臣従した。父朱元璋も叶わなかったモンゴルとオイラトの制圧に、まがりなりにも永楽帝は成功したのだから、彼の得意のほどが知られよう。

この間、彼は南京から北京へと遷都し、北と南に均しく睨みを利かせる磐石な体制を築き上げる。遊牧と農耕の接壌地帯に位置する北京は、華と夷の両者を統治する上での恰好の都であった。遼、金、元の征服王朝は、それぞれ南京《なんけい》(燕京)、中都、大都というように、すべてこの地に都を置いて中国を支配した。それは明の場合も当てはまる。南京から北京への首都の移動は明にとっては必然であり、華夷一家を目論む永楽帝としては、避けては通れぬ一つの階梯だったのである。その北京に彼は四方から朝貢使節を呼び寄せ、唯一無二の真天子を演じることで永楽の盛時を現出する。

永楽時代の特徴は、朝貢使節のみならず国王自ら来朝したことである。渤泥《ブルネイ》・満剌加《マラッカ》・蘇魯《スールー》の国王は、一族郎党・文武百官を率いて入朝し、臣下の礼をつくして永楽帝に謁見した。こんな慶事は、長い中国の歴史の中でもほとんど例がない。また永楽二十一年(一四二三)九月には、十六カ国、総勢千二百人の使節が鄭和艦隊に分乗して入貢し、紫禁城で永楽帝に拝謁した。奉天殿(のちの太和殿)の殿庭に居並ぶ使節の万歳の声を聞きながら、永楽帝はさぞ華夷一家の実感に浸ったことだろう。永楽の盛時は間違いなく、永楽帝の強烈な個性と、クビライ越えをめざす彼の天下構想の産物でもあったのだ。

華夷一家の実体化

正当化に向けた永楽帝の企ては、もちろんこれだけで終わったわけではない。彼と彼のブレインたちは朱元璋とそのブレインたちよりも、ある意味はるかに巧妙であった。永楽朝の統治理念である華夷一家の観念を、単なる空理空論に止めず、現実政治の上に実体化したからである。まさしく永楽の御代に華夷一家が実現したことを、広義の天下で具現化・可視化したわけだ。具体的には周辺諸国の国王(蕃王)の冊封時に、印章や誥命《こうめい》(辞令書)とならんで冠服を下賜することで、それは果たされた。

いったい、中華王朝が周辺諸国に冠服を授与することは、明に限らずどの王朝でも行われた。ただし、それらの冠服は、官服、常服、礼服など、必ずしも一定していない。一方、永楽帝の与えた冠服は、皇帝および皇帝一族(宗室)が重要儀礼で着用する礼服が中心で、それとは別に常服なども下賜された。つまり永楽帝が重視したのはまずは宗室専用の礼服であり、ここに彼と彼のブレインたちの周到綿密な深慮を認めねばならない。

明代の皇帝や宗室が着用する礼服には大きく冕服《べんぷく》と皮弁冠服の二種があり、それらは国家儀礼の重要度に応じて使い分けられた。冕服は最重要儀礼の天地・宗廟の祀り、皮弁冠服はそれに次ぐ重要儀礼、例えば「降詔(詔を下す儀礼)」「進表(表を呈上する儀礼)」、あるいは朝貢使節や科挙の進士及第者の接見などに用いられた。冕服・皮弁冠服ともに明以前には宗室以外の者も身に着けたが、明代には皇帝および宗室専用の礼服へと変更された。これらにはそれぞれ上下のランクがあり、皇帝、皇太子、親王、郡王など、宗室の中でも身分に応じてその様式が異なっていた。

蕃王が授与されたのは、このうちの親王(皇帝の子)ランクの冕服か郡王(皇帝の孫)ランクの皮弁冠服である。永楽帝およびブレインたちの狙いは、皇帝と蕃王との関係を父と子、あるいは祖父と孫とする「擬制的家族関係」を作り上げることにあった。冕服を下賜した朝鮮と日本は父と子、皮弁冠服の琉球・安南などその他の国は祖父と孫の関係とされ、すべての蕃王が家族秩序の中に位置づけられた。華夷秩序は家族秩序に転換され、まさに華夷一家の状況が、華と夷の広義の天下で具現化・可視化されたわけだ。

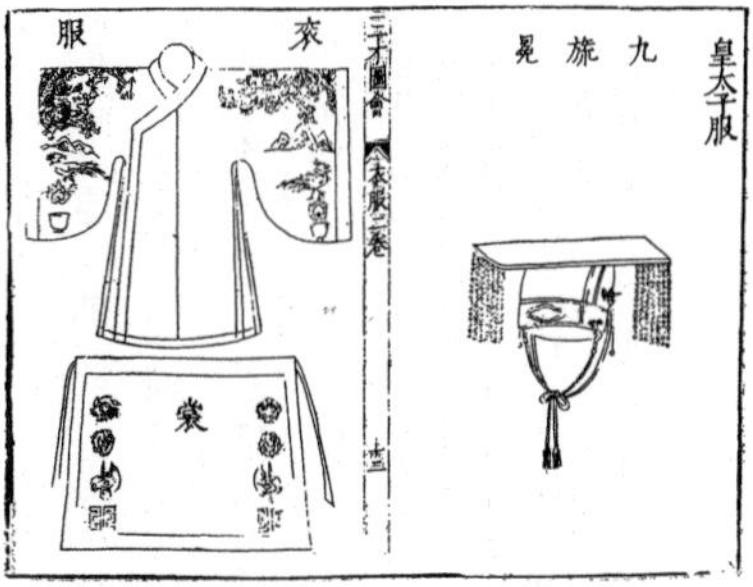

皇太子衮冕図(『三才図会』衣服二巻より)

あらためていうまでもなく、華夷一家の具現化の背景には、対外政策が朝貢制度に一元化された、明独自のいわゆる朝貢一元体制の存在があった。海禁によって明が民間貿易を禁止したことで、周辺諸国はこぞって明を中心とした朝貢体制に参加し、朝貢貿易を展開した。これは海外諸国のみならず内陸諸国とて例外ではない。太祖朱元璋のときに成立したこの体制は、永楽帝の積極的な働きかけで、地域的にも朝貢国の数でも一気に拡充した。朝貢一元体制によってすべての藩王が冊封され、冠服を授与されたことで、明の皇帝と藩王との間に家族秩序も設定できたのである。

一般に、中国を中心とした国際秩序を朝貢体制と称するが、端的に言って朝貢制度が完全に体制化したのは、後にも先にも明代だけである。永楽帝はそれを華夷一家の観念で補強し、しかも広義の天下で実体化してみせた。父朱元璋以来の宿願である華夷の統合を、ようやく達成した永楽帝ならではのある種のパフォーマンスでもあった。朝貢体制は永楽時代に、史上初めて名実ともに完成した。おのれの即位の正当化のためとはいえ、それを実現させた永楽帝とそのブレインたちの外交上の手法は、まことに見事という他ない。

華夷一家の崩壊

永楽時代に完成したこの体制も、永楽帝の治世の末期には綻《ほころ》びをみせ、帝自身、体制の護持に汲々とせねばならなかった。永楽十九年(一四二一)の北京遷都後、三年連続で何かに取り憑かれたようにモンゴル親征を繰り返したのもそのためで、すでにモンゴルはこの体制から再び離脱し始めていた。華夷一家を維持するには、何が何でもモンゴルを制圧する必要がある。永楽帝が最後の親征の帰途にモンゴルの地で没したことは、宿敵モンゴルの打倒に命をかけた彼の執念の証しでもあった。

永楽帝の死を経て、やがて十五世紀も半ばになると、華夷一家の破綻はもはや如何ともし難い状態となる。長城の守りも廃れ海禁も弛緩し、北と南の華夷の境界はすっかり曖昧となってしまった。明の正統帝（在位：一四三五〜一四四九）がオイラトの捕虜となる正統十四年（一四四九）の「土木の変」は、そんな明の国力の低下を表す象徴的な事件である。同じ時期、東南沿海部でも密貿易が活発化し、華夷混淆の状態が顕著になるが、明は北への対応に追われて十分に対応できないありさまであった。

十六世紀の声を聞くとこの状況はさらに進み、南北の辺境は半ば無秩序状態に陥ることになる。それを後押ししたのが、海外から怒濤のように流入する大量の銀であった。海禁の網の目をくぐって日本や中南米から銀がもたらされたため、東南沿海部のあちこちに密貿易の拠点が生まれて、華夷混淆の事態をいやがうえにも高じさせた。北方防衛のために投じられた銀を目当てに北辺にも商人が集まり、当地でもまた密貿易が展開した。南北辺境では交易ブームが沸きに沸いて、それがまた辺境の無秩序状態のバックグラウンドをなしていた。

十六世紀半ばの中国を特徴づける「北虜南倭」の現象は、こうした当時の社会情勢を背に、朝貢一元体制の枠組みを突き破ろうとする南北辺境からの挑戦であった。具体的には、モンゴルの侵入で明の北辺は大打撃を受け、倭寇の跳梁で東南沿海部は甚大な被害をこうむった。ともにその目的は明の物資の獲得にあったため、明はこの事態の解決に向けて、北方では馬市《ばし》(辺境の交易場)を開設、南方では海禁を緩和して民間での対外交易を容認した。この措置により、北虜南倭の災難はひとまず表面的には解消するにいたった。

長城と海禁による華夷の分断が明の方針転換で部分的に緩められ、海外諸国との民間交易が公的に復活した。その対象外となった唯一の国が、他ならぬ日本である。海禁が緩和されたあとも、日本は倭寇の国だということで除外され、相変わらず商人の往来は禁止されていた。だが、交易ブームは今までにも増して高まりを見せ、そんな「交易の時代」の真っただ中で、日本発の最大の倭寇が大陸侵攻を計画する。この倭寇はその手始めに朝鮮半島を標的にして侵略を開始した。世にいう豊臣秀吉の朝鮮出兵である。

唐入り

朝鮮出兵に関してここで縷々論じる余裕はないが、要は日本を統一した秀吉が唐入《からい》りという名目で出兵し、朝鮮の山河を蹂躙した事件である。

一五九二年(日本の文禄元年、明の万暦二十年)、二十万の日本軍が玄界灘を渡って釜山に上陸すると、一気に北上して首都の漢城(ソウル)を落とし、明との国境の鴨緑江にいたる朝鮮半島のほぼ全域を席捲した（文禄の役）。以後、明の援軍と日本軍との間で戦闘が繰り広げられ、一時和議への動きもみせたが、秀吉が再出兵したことで（慶長の役）、彼の死までの足かけ七年にわたり半島は戦火にさらされた。

秀吉の朝鮮出兵が具体性を帯びだすのは、もちろん日本国内の天下統一がなって以後のことである。すでに一五八五年に唐入りを表明していた秀吉だが、一五八七年に島津氏を降して九州を平定すると、あからさまに朝鮮・明・南蛮諸国の征服を公言するようになる（のちには天竺も）。そんな秀吉の心性の由って来るところは、たしかに彼の異常なまでの名誉欲と権力欲とにあるのだろう。自分自身「日輪の子」と豪語していた彼は、狭い小天下の日本だけでなく、明や南蛮・天竺を従え大天下に自分の名を響かせたいと考えたようだ。

もちろん、より現実的な思惑もあったことはいうまでもない。天下を統一して天下人《てんかびと》となった秀吉が、配下の大名たちをつなぎとめておくためには、彼らに対して常に恩賞を与えねばならない。特に新たに下った九州の大名たちには、何らかの方法で領地を給さねば、いつ何時彼らが再び叛くとも限らなかった。だが国内には、もはや獲得する土地などどこにもない。いきおい外地にそれを求めざるを得ず、それが新天地である朝鮮への出兵となって表れたというわけだ。

いま一つは、日明貿易の復活を企図して実行したとの見方である。一五四七年の大内氏による遣明船の派遣を最後に、その後の遣明船は勘合の不備などですべて拒絶され、日明貿易は完全に途絶えていた。十六世紀半ばの明では例の北虜南倭が猛威を振るい、明は日明貿易に必ずしも積極的ではなかった。海禁緩和後も日明間では、民間交易が許されなかったことは先に述べた。こんな閉塞した事態を打破するために、日本の国力を誇示して貿易を復活させようとしたのが、このたびの唐入りであったというのである。

大天下の危機

朝鮮出兵の理由は多々あるだろうが、間違いなくいえるのは秀吉が日本という小天下に飽き足らず、明の大天下にまで触手を伸ばして、当地の支配を目論んだという事実である。彼の考える大天下は、あの中国中心の大天下とまったく同じというわけではなかったろう。おそらく本朝(日本)、震旦(中国＝唐《から》)、天竺からなる日本独自の三国的天下観であったはずだ。だが、大天下の獲得のために唐入りを敢行し、戦後処理に関して語った彼の計画を見れば、秀吉もまた中国の天下観の強い影響を受けていることに気づかざるを得ない。

日本軍が破竹の勢いで朝鮮半島を北上していたさなか、名護屋城(佐賀県唐津市)の本陣で相次ぐ戦勝の報に接した秀吉は、甥の関白秀次《ひでつぐ》に書状を送り明征服後のマスタープランを表明した。それは、一、秀次を大唐(大明)の関白にする。二、北京に天皇の行幸を仰ぐ。三、北京近辺に朝廷の御料地を置く……。また同日、自分は寧波に居所を構えて天竺を攻略すると述べているが、これは明らかに日明貿易の利益独占をねらってのことで、秀吉の出兵の目的が日明貿易の復活にあったとの説もうなずける。

他方、天皇を北京に行幸させるという計画は、日本という小天下を統一した秀吉が、誇大妄想的に思い描いた大天下の統治プランであった。おのれは寧波で皇帝然とした生活を送りながら、小天下の名目的統治者である天皇を北京に遷し、日本の天子（天朝）が大天下に君臨するさまを現出しようとしたのである。秀吉から見ても大天下を統治するには日本はあまりに遠く、大天下の中心である北京に都を遷す必要があった。夷が華になるためには、外縁部から中心部に入らねばならぬという、あの中国伝統の華夷観（天下観）を、そこに見て取ることも可能であろう。

逆に明にとって秀吉の唐入りは、北虜南倭以来の最大の外患であった。かつて夷出身のクビライが中華を統治したのと同様、秀吉の唐入りは夷が華に取って代わる、まさしく大天下の危機であった。幸いなことに、秀吉はクビライほどの軍事力もなければ能力もなかったため、明征服の野望ははかなく潰え去ってしまう。秀吉の唐入りは、中国と朝鮮人民の中に日本への根強い不信感と嫌悪感を生み出しただけで、秀吉自身がクビライになることは最後までなかったのである。

しかし、秀吉の騒動を経て十七世紀の声を聞く頃には、明を取り巻く国際環境に新たな事態が生じてくる。疲弊しきった大天下の東北隅に、秀吉を上回る強力な夷の集団が台頭してきたのである。やがて、その集団は南下して華である明に代わり、中華支配に乗り出すことになる。彼らは武力で華と夷を統合すると、大明以上に大規模な多民族複合国家を建設するにいたる。最後の中華帝国にして最後の征服王朝、満洲族の大清王朝の誕生である。

第十章　華夷変態と中外一家——清

清の興起と華夷変態

満洲族はもとは女真(ジュシェン)族といい、明初の永楽時代には二百余りの羈縻衛所に編成されて、明の支配下に置かれていた。明末には大きく野人、海西、建州の三集団に分かれ、このうちもっとも中国寄りの建州女真に生まれたのが、清の太祖ヌルハチ(在位：一六一六〜一六二六)である。彼は明との交易で実力を付けると、社会・軍事組織の八旗《はっき》制度を確立して女真族を統一、一六一六年にはハン(汗)を名乗って後金国(満洲語ではアイシン国)を樹立した。すでに彼の頃から自分たちを満洲(マンジュ)と称していたが、正式に変更するのは続くホンタイジのときである。

一六一八年、ヌルハチは明を痛烈に批判する「七大恨」を掲げて反旗を翻し、明への進撃を開始する。天下分け目のサルフの戦いで明・朝鮮連合軍を撃破すると、一六二一年にはヘトゥアラ(遼寧省撫順の東)から遼陽に遷都、さらに一六二五年には瀋陽に定都して本格的な宮殿造りを開始した。のちに清の副都となる盛京《せいけい》奉天府である。その翌年の一六二六年、ヌルハチは明を攻略するために要衝の山海関に向かうが、手前の寧遠城でポルトガル製の大砲を駆使した明の反撃によって大敗を喫し、ほどなくして死亡してしまう。一代の英雄ヌルハチにとり、最初で最後の敗北であった。

代わって後を継いだのが息子の太宗ホンタイジである。彼はまず朝鮮を叩き、次いで反抗の姿勢を見せた元朝直系のチャハル部を攻撃し、一六三五年には内モンゴルを制圧して元朝皇帝の玉璽を手に入れた。翌年、彼は配下の満洲族、モンゴル諸王、漢族武将の推戴を受けて皇帝に即位し、多民族国家に相応しい大清という国号を制定した。これが清朝の始まりである。これ以後、清の皇帝は満洲・モンゴルなどの北アジアの民族にはハンとして、また漢族に対しては皇帝として君臨するようになる。

だが、そんなホンタイジもまた父ヌルハチと同様、大明だけは最後まで攻略することができず、一六四三年に志半ばで急死する。しかも後継者を決めずに死亡したため、一時政権内部は混乱に陥るが、最終的にはホンタイジの第九子フリンが選ばれ即位した。清朝第三代皇帝世祖順治帝《じゅんち》(在位:一六四三〜一六六一)である。このとき彼はわずか六歳。幼いフリンに代わり摂政となったのは父ホンタイジの弟ドルゴンであり、彼を中心に清初の政治は運営されていく。

清にとって幸運であったのは、今まで突破できなかった山海関を、明の内部崩壊によって楽々と通過できたことである。

一六四四年三月、李自成に率いられた農民反乱軍が北京を落とすと、明朝最後の皇帝崇禎帝(在位：一六二八〜一六四四)は紫禁城の裏山で自縊して果て、大明の天下は崩壊した。山海関の守将であった呉三桂はこの報を聞くと、急遽清と手を結んで共同して李自成を攻撃し、北京を奪回した。だが、北京はそのまま大清の占領するところとなり、これ以後大清の中華統治が開始されることになる。華たる明から夷たる清へ、天下の主が交替したわけだ。

明・清交替が中華の地で起こった当時、日本は鎖国体制に突入して太平の世を謳歌しつつあった。中国を含む海外情報は、長崎に来航する唐船から唐通事が聞き取りを行い、長崎奉行の責任のもと「唐船風説書《とうせんふうせつがき》」として江戸に報告された。それらはのちに幕儒の林家によって整理・編纂され、『華夷変態』と命名された。明(華)から清(夷)への王朝の交替を、有り得《う》べからざる状態に一変したとの意味を込めて、こう名づけたのである。中華が夷の支配下に入ったことは、東夷の日本にとっても由々しき事柄であったのだ。

中夏の主

満洲族が呉三桂の手引きで北京に入城し、中国支配を開始したことを一般に「入関」という。

山海関を通って中華の地に入るとの意味である。

入関以前のヌルハチやホンタイジの時代、彼らは明のことを「大明」「朝廷」「天朝」と呼び、天朝が統治する中原を中心とする地域を、中国(中華・中夏)とみなしていた。見方を変えれば、この時期彼らは自らを夷として自覚し、中華たる明から夷狄視されることに甘んじていたということでもある。

自己および自己の居住する満洲地域を夷、中国本土を華と見る通念は、清が中国に入ってのちも、すぐには変わらなかった。それは皇帝である順治帝の次の言葉からもうかがえる。

叔父のドルゴンが大軍を率いて山海関に入り、賊兵(李自成軍)二十万を破って遂に燕京を奪取し、中夏を平定して朕を迎え入れて皇位に即けてくれたのである。(『清世祖実録』順治元年十月甲子)

ここでいう中夏(中華)とは明が統治していた中国本土のことで、そこには満洲・モンゴルの地は当然含まれない。

朕は上帝(天)の恩寵を受け、祖宗の功績のおかげで、中夏に入って来て主となり、多方

（天下）をことごとく領有した。（『清世祖実録』順治三年三月壬戌）

満洲族からすれば長城以南が中夏（中華）であり、そこは順治帝にとっても父祖二代にわたり夢見続けた宿願の地であった。その中華にようやく入れたとの思いが、彼のこの言葉にはよく表れている。逆にいえば、満洲・モンゴルの地は順治年間になっても、彼らの意識の中では中華と異なる夷の領域であったということだ。入関を果たし、新たに「中夏の主」となった順治帝だが、依然として夷の意識を払拭しきれていなかったことを、この事実は物語る。

だが、その一方で順治帝は臣下たちに向かって、次のような言葉も発している。

現在は天下一家となり、満族と漢族の官・民は皆な朕の臣子である。それぞれ互いに親睦させようと思う……。（『清世祖実録』順治五年八月壬子）

彼のいう天下一家とは、直接的には清が入関して北京を占領し、漢地を支配したことを指す。つまり満洲地区（モンゴルを含む）と漢地を合わせた天下統一を、天下一家と表現しているのである。もちろん、ここでの天下は清朝が実効支配する狭義の天下に他ならない。しかも、その狭義の天下は清朝の場合、州県制の施行された中華の範囲だけとは限らなかった。伝統的な中国本土と満洲・モンゴル地域、つまり長城を挟んだ南北の両地が彼らにとっての狭義の天下であった。

満漢一家

なるほど、順治年間には実質的な意味での天下統一はまだ達成されていない。南方では明の残党が樹立した南明政権や、それを支援する鄭成功等の抵抗が依然継続していたからである。入関以来、満族に対する漢族の反発は強烈で、各地で頻繁に民族対立が起こり、清朝による漢族への弾圧が繰り返されていた。ことに服従の証しとして漢族に辮髪《べんぱつ》を強制したことが、彼らの反発に拍車をかけた。清が全土を平定するまでに、何万、何十万の漢族を殺戮したか、数え切れない。

そうした仕打ちを一方で行いながら、清は実効支配する狭義の天下で自政権の正当化を図っていった。それはかつてモンゴル元朝が採用したのと同様の方法、すなわち中華王朝の外被を繕うことでまずは推し進められた。中央・地方の官僚機構や礼・法などは明の制度をほとんどそのまま受け継ぎ、李自成によって滅ぼされた明の後継者をもって自ら任じたのである。辮髪や胡服など譲れない一線をのぞけば、この時期の清朝は徹底した中国化を進めた点に特徴がある。

いま一つは天下一家の中身に関係する。先の順治帝の言葉にもあるように、天下一家の実質を得るには満人と漢人の融和を図る必要がある。新たな漢地支配を、天下一家の宣言だけですませるわけにはいかなかった。それは当然、清の皇帝の統治方針にも関わってこよう。順治帝は別の機会に次のように語っている。

古より帝王は天下を以て一家と為すものである。朕は中国に入ってきて以来、満人と漢人とを区別してみたことなどついぞない。(『清世祖実録』順治六年三月庚子)

順治帝のいう天下一家とは、為政者が満族と漢族とを分け隔てなくあつかうことで、両者が家族のように一体化した状況を意味する。それは時には「満漢一体」という言葉に置き換えられたり、あるいは満漢一体の極致としての「満漢一家」という言葉で表現されたりした。

戸部と兵部の二部に諭す。朕は民草を水火の中から救い出し、天下を統一した。このため満漢一家となり、ともに太平を享受しているのだから、どうして漢人を差別視する道理があろうか。(『清世祖実録』順治四年三月丁酉)

明の永楽帝は伝統的な天下一家に代わり、華夷一家という観念で自己の天下統治を正当化した。夷が華を支配する清代では夷という言葉の使用を嫌い、満漢一家という清朝ならではの独自の観念を生み出したわけだ。

しかも、清朝はこの観念を実際政治のうえにも具現化してみせた。それを典型的に示すのが満漢併用策である。役所のトップには必ず満人と漢人の両者を置き、いずれか一方に偏ることが避けられた。かつて元朝が役所には必ずモンゴル人のダルガチという目付け役を置き、漢人の監視を行ったのとは好対照をなす。清朝はつとめて満漢が対等になるよう工夫を施した。満漢相互の通婚を奨励したのも、その一例である。満漢の対立がくすぶる国初にあっては、清朝が満漢一家を政治理念として掲げたのも当然といえば当然であった。

満漢一家から中外一家へ

満漢の融和が喫緊の課題であった順治・康熙年間(一六四四〜一七二二)にあっては、満漢一家という観念が折に触れて強調された。だが、もともと満漢一家は満人(時にはモンゴル人も含む)と漢人に限定した概念であり、この用語自体それ以上の広がりを持ち得ない。多民族国家の清朝にとっては、決して満足のできる概念ではなかった。それかあらぬか満漢一家と並び、天下一家という用語も国初以来、普通に用いられた。ただ、もっとも実情に即した華夷一家だけは、清朝は断固として拒否し続けた。

そうしたなかで、新たに主張され出したのが「中外一家」という用語である。元来、中外とは朝廷と地方あるいは国内と国外など、内と外、中心と外縁の地理的・空間的な範囲を表す概念である。それはまた、長城を挟んで南の中国と北の満洲・モンゴル、ひいては中心の中華と外縁の夷狄の関係を、純粋に地理的な観点からとらえ直した概念だといってよい。華夷一家といった直截な表現を嫌う清にはもっとも都合のよい用語であり、全時代を通じて天下一家とともに清の統治方針として喧伝された。

一例をあげれば、順治帝に上呈された官僚の上奏文の中に次のようにある。

中外一家になったとはいえ、満漢の字法はなおいまだ同文の盛世を見ておりません。請うらくは、満文の書をもって天下に頒行し、皆なに学習させて理解させ、皇上も亦た政務の合間に漢語を学ばれて、漢字を習得されますように。(『清世祖実録』順治二年十二月癸卯)

中外一家になるためには、満漢ともに他方の言語を学んで相互に理解する必要がある。ここでの「中」は中国、「外」は満洲地区のことで、中外一家が先の満漢一家をより普遍化・抽象化した概念であることが分かるだろう。

注意すべきは、中外一家もまた天下一家と同様、広狭二つの意味合いのあったことだ。広義の中外一家の「中」は、中国に満洲地区等を加えた清の実効的支配領域、「外」はそれ以外の周辺諸国・諸民族を指す。今日的にいえば、国内(中)と国外(外)との違いと言い換えてもよい。ただし、広義の用法の出現は狭義のそれに比べてやや遅く、順治年間にはまだ見出すことができない。中国国内すら統一されていないこの段階では、さすがに周辺諸国を含んだ広義の中外一家を公言できなかったものと解される。

けっきょく、広義の中外一家の用法がしだいに一般化してくるのは、清も中期の乾隆年間(一七三六〜一七九五)以後のことである。どちらかといえば国内統治に主眼を置いた順治・康熙・雍正時代をすぎて、むしろ積極的な対外膨張策を取った乾隆帝の時代になって、新たな中外一家の観念が生まれてきたということなのだろう。

曾静事件

だが、そんな乾隆帝の治世に入る前に、清の中国支配を揺るがしかねない一つの事件が勃発する。武力をともなう大騒動にまでは発展しなかったが、雍正帝(在位：一七二三〜一七三五)のときに満と漢との間に民族問題が生じ、雍正帝自ら乗り出さざるを得なくなったのである。

雍正六年(一七二八)、湖南省永興県の地方儒学者曾静《そうせい》が、清朝の転覆を計画して一か八かの行動に打って出た。曾静は清初の朱子学者呂留良《りょりゅうりょう》の「夷夏之防（華夷の別）」の説に心酔し、日ごろから反清・反満洲的な思想を抱き不満を募らせていた。その著『知新録』の中で「夷狄が天朝を盗み取り、華夏を汚してしまった」と痛烈に清朝を攻撃した彼は、川陝《せんせん》総督の岳鍾琪《がくしょうき》のもとに弟子の張熙を派遣し、なんと岳鍾琪をそそのかして彼に謀反をすすめたのである。

満人への憎悪にかられた曾静には、岳鍾琪が必ず期待に応えてくれるものとの確信にも似た思いがあった。なぜなら岳鍾琪こそ、あの南宋の忠臣岳飛の末裔だったからである。女真の金への徹底抗戦を主張しながら、和平派の宰相秦檜《しんかい》の策動で非業の死を遂げた民族の英雄岳飛。その子孫であるからには、必ず女真（満洲）に恨みを抱いているに違いない。当然、話に乗ってくると踏んでいた曾静だが、しかし彼の目論見は見事に外れてしまった。岳鍾琪は謀反を起こすどころか、逆にその陰謀を雍正帝に告発したため、曾静はあえなく謀反の罪で逮捕されてしまったのだ。

本来ならば、謀反は死刑、しかも極刑の凌遲《りょうち》刑に処せられるところであるが、曾静は死罪を免れた。その代わり雍正帝自らの厳しい尋問にさらされ、完膚なきまでに説服されて自己の誤りを認めるにいたる。彼の主張していた雍正帝の十大罪は、帝によってことごとく論破され、いわれのない謬説《びゅうせつ》と断定された。この間の両者の問答をまとめた裁判記録が『大義覚迷録』である。雍正帝の大いなる義（徳）によって曾静の迷いが覚めたという意味を込め、いかにも大仰なこの名が与えられた。

『大義覚迷録』は全四巻からなり、雍正帝の下した上諭十篇、尋問に対する曾静の供述四十七条、張熙等の供述二条の他、曾静の自己批判の書である「帰仁説」を付録として書末に収める。天朝に叛いた人物を天子の徳で改心させたことで、清の正統性はいや増さざるを得ない。雍正帝はこの書を出版して中央・地方の役所に配布するとともに、曾静を全国に派遣して天子の徳を称揚させた。彼を生きた広告塔として積極的に利用したのである。

雍正帝の華夷一家

きわめて興味深いことに『大義覚迷録』には、先帝がつとめて避けたあの華夷一家という用語が堂々と記されている。この言葉を使用したのは、清代の皇帝の中では後にも先にも雍正帝だけである。彼は次のようにいう。

今、逆賊どもは天下一統、華夷一家の時において、妄《みだ》りに中外を判《わ》かち、いわれのない怒りと反発を抱いている。天に逆《さから》い理に悖《もと》り、父や君主を無《な》みすること、蜂《はち》や蟻《あり》にすら及ばぬ禽獣ともいうべき奴等ではないか。(『大義覚迷録』巻一)

ここでの華夷一家は、永楽帝の主張したあの広義の天下での華夷一家と同義ではない。雍正帝のいう華夷一家とは、天下一統と並列されているように、あくまでも清朝が実効支配している領域、華(漢人)と夷(満人)の狭義の天下が念頭に置かれている。清朝国内での漢人と満人との融和をめざした、むしろ順治帝のいう満漢一家に近似した概念だと考えてよい。

いったい、雍正帝がわざわざこの時点で華夷一家を主張したのには、中華支配への絶対的自信に裏打ちされた彼の計算があった。彼は漢人に対して、胡とか夷狄の文字を禁忌する必要はまったくないという。むしろ、それらの文字を別の文字に変えたり忌避したりすることこそ、「理に背き義を犯し、はなはだ不敬」だと難詰する。自分は民族的には夷かもしれないが、文化的にはまぎれもなく華である。民族的に夷であることのどこが悪いというのか。漢人に向けられた彼の舌鋒は、まことに鋭い。彼は続けていう。

> 昔から中国一統の世にあっても、その領土は遠くまで広がっていたわけではない。その領域の中にあって華化(中国化)に向かわない者があると、これを斥けて夷狄と呼んできた。例えば三代(夏・殷・周の三王朝)以前に苗《びょう》、荊楚《けいそ》、玁狁《けんいん》がいたのは、今でいえば湖南・湖北・山西の地である。これを今日でも夷狄といえるだろうか。漢・唐・宋の全盛時代には、北狄や西戎が代々辺患をなしたことがあった。それは彼らが臣服せずにその地を領有し、

このため華と夷の互いの境界が存在したためである。我が清朝が君主として中国に入り、天下に君臨すると、蒙古の極辺の諸部落を併合して、すべて版図に組み入れた。これは中国の領土が開拓されて遠くまで広がったわけで、中国臣民の大いなる幸せである。どうして華と夷、中と外の区分があるなどと論じることができよう。（『大義覚迷録』巻二）

古来、中国は夷を吸収して華とすることで領域を拡大してきた。もともと華と夷の両者を含む多民族複合国家が中国である。その最終形態が華夷一家の大清王朝なのだから、華と夷、漢と満を区別する理由などどこにもない。

清朝にとっての満洲は、猶《な》お中国の人々にとって本籍や本貫があるようなものである。舜は東夷の人であったし、文王は西戎の人であるが、かつてそのことが彼らの聖徳を損なったことがあろうか。

雍正帝によれば、華と夷の違いは同じ天下での出身地域の違いにすぎない。舜や文王など古代の聖王も夷ではあるが、徳を身につけることで中華に君臨した。たとえ満洲族でも有徳で礼・義を知る人物ならば、天子として中華に君臨しても何の問題もないというわけだ。華と夷の違いを礼・義の有無で区別するあの論法が、より説得的かつ理詰めに展開されていることが理解できるだろう。

十全老人の天下

一見平穏にみえた清の天下に降って湧いた謀反事件は、雍正帝の手際よい善後処置によりひとまず事なきを得た。一歩間違えれば凄惨な事件に発展しかねなかっただけに、この機会をとらえて反転攻勢に出た雍正帝の手腕は、たしかに彼ならではの見事なものであった。だが、『大義覚迷録』の公布をもって、清朝の中国支配が完全に正当化されたのかといえば、決してそうではない。問題はこれで終わったわけではなかった。

雍正帝を継いだ乾隆帝（在位：一七三五～一七九六）は、即位直後の雍正十三年（一七三五）、曾静の罪状をあらためて問い直し、彼およびその弟子を再逮捕して凌遅刑に処したからである。このとき『大義覚迷録』も発禁処分とされ、その回収が命じられた。父皇の出版した書物を発禁にするなど、本来ならば考えられない所業である。にもかかわらず、あえてその処置に踏み切ったということは、『大義覚迷録』の華夷思想の解釈に、乾隆帝は何がしかの危険性を敏感に感じ取ったのであろう。

では、乾隆帝自身は満洲族の中国支配をどのような論理で正当化しようとしたのか。

康熙帝・雍正帝という二人の名君によって清朝の支配は磐石のものとなり、それをそっくり受け継いだのが乾隆帝である。彼のときに清朝は最盛期を現出し、対外的にも拡張策を取ったため清の領土は最大限に膨張した。十回遠征軍を派遣して、十回とも勝利したと豪語する乾隆帝は、自己の「十全武功」を誇って自らを「十全老人」と呼んだほどである。入関以来の領域に新たにチベット（西蔵）・新疆（回部）を加え、清の天下は最終的に完成した。現在の中国の領土は、乾隆時代の領域をほぼ継承したものである。

清朝は直轄地である中国本土、並びに発祥の地である旗地（八旗の地）と呼ばれる特別行政区の満洲地域を除き、モンゴル、青海、チベット、新疆などを藩部と称して間接統治を行った。この藩部を統括するのが満洲人とモンゴル人が任命される北京の理藩院であり、六部などの一般の統治機構とは別個に機能した。つまり、清朝の領域は概念的にいえば、中央の直轄地である州県制施行地域（中国本土）と、その周辺の旗地（満洲地域）および藩部とに大きく分かれて存在していたといえる。

皇清の中夏

これを象徴的に示すのが、清の皇帝の持つ多重な面貌である。乾隆帝は中国本土では皇帝として君臨し、満洲、モンゴルの地ではハン、チベットでは仏教の転輪聖王《てんりんじょうおう》、新疆のウイグルにはイスラーム教の保護者として振る舞った。まさに多民族国家清朝の性格を、一身に体現していたのが乾隆帝その人であった。

五族（満・漢・蒙・回・蔵）に代表される多様な民族が、独自の文化を保持しつつ平等に共存する世界。いわゆる五族共存の世こそ、乾隆帝が願って止まない理想的な天下であったはずである。藩部の民族はことさら華化（中国化）を求められることもなく、宗教や習俗など各民族の独自性を維持しながら、清の統治下で自己の居場所を確保した。清の皇帝が民族ごとに、おのれの面貌を使い分けたゆえんである。

だが一方で、清が念願の天朝の都・北京に定都し、中華帝国の外被作りに専念したのもまた事実である。ことに漢族の政治的・経済的支援なくして存立できない現実は、漢族に対する中華統治の正当化という課題を、否が応でも清朝に突きつけることになる。それは端的に言って満漢一家や華夷一家とは異なる、五族を包摂した大清の天下の正当化の論理でなければならない。そんな困難な要求に乾隆帝自ら応えたものが、彼の創出した「皇清の中夏」に他ならない。

皇清の中夏（中華）とは、乾隆帝が五族の地に与えた特別の概念であり、「皇清の大一統」ともいう。「大一統」とは前にも述べたように、『春秋公羊伝』の中の言葉であり、「一統を大《とうと》ぶ」と訓ずる。天下が統一され安定することを意味し、一般には天下統一とほぼ同義に使われる。古来、歴代王朝は大一統の理念のもと、つねに統一王朝であることをめざしてきた。南北に分かれてもいずれ統一されるのは大一統の力学が働くからで、清朝の場合、中国本土と満洲・藩部の統一を皇清の大一統と呼び、その地を皇清の中夏と命名したのである。

大一統の皇清の中夏では、その名の通り五族はすべて中華の民とされ、原則的には互いに平等だとした点に特徴がある。ただし、中華といっても乾隆帝が独自に解釈した中華であって、伝統的な中華概念とは大きく異なる。中華か否かの区別は、清朝に対して恭順であるか反逆的であるかに係り、順逆の理が両者を分かつ基準であった。清朝の版図に入れば中華であり、それゆえ服従した藩部の民は皇帝に徳化された中華の民として、建前上は中国本土の民とひとし並みにあつかわれた。

その際、皇清の中夏を実体化するために、さかんに強調されたのが中外一家の観念である。中国本土を「中」、満洲地域と藩部を併せて「外」とするこの観念は、皇清の中夏の五族を一つの家族に見立てて、清朝の天下統治を正当化しようというものであった。実際には清朝の藩部支配を天子の徳化の結果と読み替えて、中外一家の観念で表現したものにすぎない。藩部の側からすれば、強引に家族に組み込まれたのも同然で、中国側の独善的な観念だといっても過言ではなかった。

のちに近代になって藩部の側から分離の動きが兆してくるが、中国側の強権によって阻止され、果たせぬまま現在にいたっている。今日、かつての藩部は中華人民共和国の民族自治区となり、当地の少数民族も中国本土の圧倒的多数の漢族とともに、法的には同じ中国人である。皇清の中夏と中外一家の観念は、ある意味、現代中国の中にもそのまま継承されているわけだ。乾隆帝の遺産はあの広大な領土だけでなく、中国概念にまでも及んでいるといわざるを得ない。

中華と外夷

順治帝の満漢一家に始まり、雍正帝の華夷一家を経て、ようやく乾隆帝にいたって中外一家に落ち着いた清朝だが、この間、反清朝・反満洲的な言動に対しては徹底的な取締りを行った。とりわけ康熙年間に始まり、雍正・乾隆年間を通じて猛威を振るった筆禍事件の「文字の獄」は、漢人の思想統制を目的に計画的に起こされたものであった。漢人の記した一部の書籍や文章に、清朝や満洲族を謗《そし》る意図があるとの難癖をつけ、執筆者はもちろん、ときには一族や関係者までをも死罪に処したのである。

また、乾隆帝が編纂させた世界最大の叢書『四庫全書』も思想検閲のたまものであり、夷狄に類する文字を使用したり危険思想とみなされた書籍は、叢書の編纂過程ですべて発禁処分にして禁書に指定した。このため約三千種の書籍がその対象となり、禁書目録を作成して回収を命じたほどである。父皇の出版した『大義覚迷録』ですら、その例外ではなかった。乾隆帝は清朝国内から一切の反満的な言辞や華夷思想を排除し、清朝全体を中華とする皇清の中夏の実体化につとめたのである。

とはいえ、夷狄という文字が完全に清朝の天下から消滅したわけではない。新たな夷狄の観念が広義の天下で措定された。皇清の中夏に含まれない周辺諸国・諸民族は「外夷」と規定され、中華と外夷の同じく中外の関係として捉えられた。中央に中華があれば必ず外縁には夷狄が存在するという、東アジアの天下観念は清朝にも厳然と受け継がれていたといえる。乾隆以後になると、皇清の中夏とそれ以外の外夷とを一家とみなす、いわゆる広義の中外一家がしきりに主張されたのである。

かつての広狭二つの天下は、清代では広狭二つの中外という概念で示された。狭義には中国本土(中)と満洲・藩部地区(外)、また広義には皇清の中夏(中)とそれ以外の外夷(外)を指す。もちろんここでの外夷には藩部の民は含まれない。彼らを除く西方の内陸諸国および東南アジア諸国・朝鮮・日本、あるいはロシアなどが外夷に数えられた。乾隆帝によって名づけられた皇清の中夏とその周縁に広がる外夷、この両者によって成り立つユーラシア東半の世界が、まさしく皇清の大天下に他ならなかった。

朝鮮の小中華思想

明から清への王朝交替すなわち華夷変態は、中国国内ばかりか周辺諸国にも当然のことながら多大な影響を及ぼした。今まで中華として憧れてきた中国の地に、夷が闖入《ちんにゅう》してきたのだからそれも当然であったろう。そのあおりをもろに食らったのが、隣国の朝鮮である。すでに清朝が入関する以前、ホンタイジのときに二度の侵略(丁卯《ていぼう》・丙子《へいし》胡乱)をこうむった朝鮮は、ソウル近郊の三田渡で国王自らホンタイジに三跪九叩頭の礼を行い、清朝への臣従を態度で表明した。一六三七年一月のことである。

かつて明を中心とした大天下のもとでは、朝鮮は明への事大を貫いてきた。だが、自国を中心とした小天下の意識を、決して失ったわけではない。中華たる朝鮮の周囲には野人(女真)、日本、三島(対馬・壱岐・松浦)、琉球の四夷が配置され、なかでも女真はもっとも野蛮だとして野人と称された。その女真に臣従することになったのだから、朝鮮知識人の両班《ヤンバン》たちの憤懣のほども容易に想像がつく。やがて彼らの屈辱感は明への慕華へと転化し、明滅亡後も最後の崇禎年号を使い続けたほどである。

両班にとり、中国本土が夷狄の満洲に占領されたことは、中華文明が消滅して中国が華ではなくなったことを意味した。それゆえ明の正統性を継承し中華文明を受け継いだのは、他ならぬ我が朝鮮だとの「小華」「小中華」の意識が高まることにな

三田渡(現ソウル)にあるホンタイジに跪く仁祖のレリーフ

る。彼らの中では、古代の箕子《きし》朝鮮の創始者箕子により、孔子以前に朝鮮には儒教がもたらされたとの語りが、実《まこと》しやかに信じられていく。さらに、朱子学の道の教えを徹底的に追求することで、自国を礼・義の国とみなす自尊の意識を強めていった。

なるほど、中国から見れば朝鮮が東夷であることは両班たちも重々承知していた。だが、礼・義を体得すれば夷であっても華になれるとの論法で、彼らは朝鮮が中華であることを証明しようとした。じつはこの考えは、清が中国支配を正当化する際に掲げたあの論理と変わらない。満洲族でも礼・義を身に付ければ華だとする雍正帝の主張は、朝鮮両班が自分たちを華だとする根拠とまったく同じである。異なるのは、満洲族は中華の地に清朝を樹立し、朝鮮はその清朝の支配下にあるというその立ち位置の相違である。

とはいえ、この違いは、きわめて大きい。清朝は中華の地で大天下の主宰者になったのに対し、朝鮮は清朝に向かって小天下さえ主張できず、あまつさえ清の正朔(暦)を奉じて臣従したからである。小華、小中華の主張は、本場の中華には永遠になれない東夷の朝鮮の、野人の国・清朝への精一杯の虚勢であった。明への慕華は、こんな朝鮮の屈折した心情の裏返しとも見て取れる。

朝鮮だけが中華の継承者だとする小中華意識は、小中華のあり方をめぐって種々の意見を思想界に生み出した。その中から朝鮮朱子学を代表する高名な道学者たちがつぎつぎと現れる。

朝鮮の知識人は華夷変態の時代にあって、現実には存在しない理想的な中華を求めて、独りよがりに苦悩した。そんな彼らの思想的営為の上に小中華は成り立っていた。各人各様の小中華が存在したのも当然である。正味のところ、これが大天下に寄り添う形で朝鮮の地に花開いた小中華の実態であった。

日本型華夷秩序

朝鮮で小中華がさかんに主張されていた当時、かつての倭寇の国・日本の状況はどうであったか。

秀吉の大天下構想が脆くも潰え去ったのち、江戸幕府を創設した徳川家康は明や朝鮮との貿易を願って関係修復に奮闘する。朝鮮とは対馬の宗氏を介して何とか修復にこぎつけたものの、明とは最後まで国交を回復することができなかった。そうこうするうちに、キリスト教問題に端を発して、幕府は日本型海禁ともいうべき鎖国を断行する。ときあたかも中国では明と清との王朝交替が起こり、東アジアは激動の時代を迎えるが、鎖国体制下の日本に華夷変態の余波が直接及ぶことはなかった。

むしろこれ以後、日本では天下泰平と呼ばれる比較的安定した時代を現出し、対外的にも独自の外交を展開した。その際、日本の対外方針を根底で規定していたのは、いうまでもなく伝統的な日本中心の天下観である。

鎖国によって中国の大天下から完全に離脱した日本は、周囲に蝦夷、朝鮮、琉球、オランダ(南蛮)などの四夷を配置し、日本固有の天下を築き上げた。今日、これを日本型華夷秩序(華夷意識)などと称するが、朝鮮やベトナムにも同様の秩序があるので、たしかにそう呼ぶのは理にかなっている。ただし、日本型華夷秩序は鎖国体制下に特有のものではなく、全時代を通じて存在した。かつて唐代には日本も「東夷の小帝国」といわれるような日本型華夷秩序を形成し、周辺諸国と競い合ったことは第五章で述べた。

当時に比べれば清代の東アジアが、かなり粛然としていることは間違いない。日本が鎖国体制に突入し、対外膨張策を一切放棄したことも大きいだろう。だが、そんな日本でも観念的には日本の周囲に四夷を配し、日本独自の天下を築いて小帝国の体制を相変わらず維持していた。しかも清とは国交を断って、大天下との関わりを完全になくしたようにみえて、じつは依然として中国中心の大天下に一面では包摂されていたことは、十分に注意されてよい。

それは朝鮮と日本との関係からもうかがえる。両国間で交わされる国書の宛名は、日本から朝鮮に対しては朝鮮国王、朝鮮から日本には日本の求めに応じて、日本国大君という特別の外交名義が使用された。日本の将軍が国王名義を避けたのは、中国の爵制的秩序では国王は皇帝(天子)の臣下であり、さらに清に冊封された朝鮮国王と対等になるのを嫌ったことによる。また、朝鮮では大君は国王よりも下位とみなされたため、日本の大君号の使用を抵抗なく受け入れた。それぞれの思惑あっての名乗りではあるが、その背景にあるのは意識するしないにかかわらず、両国の上に覆い被さる大天下の暗黙の秩序である。

けっきょく大天下を離脱したはずの日本ですら、大天下の論理からは自由でなかったわけで、中華文明の東アジア諸国に与えた影響のほどが知られよう。大天下の天下秩序は、無言のうちに中国の周辺諸国を規定していたのである。この現実は、朝鮮や日本と並ぶもう一つの東アジアの主要国、ベトナム（大越）を見ることでより明瞭となる。

南の中華

日本と同様、小天下と大天下のダブル・スタンダードを持していたベトナムだが、そのスタンスは終始一貫してぶれることはなかった。十世紀に独立して以来、中華王朝の冊封を受けながらも皇帝を称して独自の年号を建て、蕃夷と蔑む周辺諸国には「南の中華」として上から目線で振る舞った。しかも皇帝の地位を保障するために天の観念を高々と掲げ、明や清を自国と対等な「北朝」と呼ぶなど、南の中華の矜持をかざして中国の向こうを張った。

ただし、そうはいっても、かつての遼と宋、金と南宋のように、二つの天下が南北に拮抗したあの南北朝とは当然同じではない。ベトナムの天下はしょせん大天下の中の小天下にすぎなかった。国内では大越という正式の国号を用いつつも、朝貢時には中国から命名された安南国号の使用を甘んじて受け入れたからだ。それでも国王が朝貢するという形式だけはつとめて避け、上皇が国王名義で朝貢を行ったり、また上皇や国王が諱《いみな》を隠して別名で入貢したりした。そうすることによって南の皇帝の尊厳を保ったのである。

中華王朝の周辺に位置する外夷のうち、朝鮮、日本、ベトナムは中国の天下観を導入することで自国の国家建設を推進した。三国ともに大天下の中に小天下を構築し、大天下との兼ね合いを計りながら国家の体裁を整えていった。もちろん、中国の天下観をそのまま移入したのではなく、三国なりにアレンジして独自の天下観を形成したため、小天下のありようは三者三様で発現の仕方も一様ではない。

朝鮮は自国の天下を隠して大天下に寄り添い小中華にアイデンティティを求めた。それに対し、日本はダブル・スタンダードを放棄して最後には鎖国を断行し、主観的ではあるが日本を中華とする完結した小天下を築き上げた。一方、ベトナムはあくまでもダブル・スタンダードを堅持して、小天下と大天下とを使い分けることに国家存立の基礎を置いた。大天下では夷として恭順な態度で中国に接し、小天下では周辺諸国に中華として臨んだのである。三国それぞれが自国に適合したやり方で、固有の小天下を完成させたといえる。

このように、清朝が中国を統治していた当時、東アジアには依然、大小合わせて複数の天下が存在した。しかも興味深いことに、これらの天下は存在形態を異にしながらも、ファジーな形で有機的に繋がっていた。先に見た日本と朝鮮との交流のあり方がその例である。また日本と清の関係のように完全に国交がなくとも、政治システムとしての天下システムの縛りから決して自由ではなかった。日本がつねに大天下の秩序に制約されたり、清が国交のない日本をのちのちまでも朝貢国と規定したりしたのも、そこに起因する。

朝貢一元体制という厳格で整然とした明代の天下システムと異なり、清代にはそれぞれの小天下が独自の行動をとり、一見したところ東アジアには統一性・統合性がないかにみえる。だが、そうでありながら、根底において各国の行動を規制したのはやはり伝統的な天下観であり、対外的な交渉はすべて天下と天下の相互の関係性の中で調整・処理された。天下観念を媒介に、各国を有機的に結び付けるのが天下システムであるならば、清代の東アジア諸国もまたこの天下システムという枠組みの中で、互いにしのぎを削っていたものと理解してよかろう。

天朝の揺らぎ

ここで再び中国国内に目を転じてみよう。

清朝の盛時もすぎた十九世紀中葉。西洋諸国の中国への進出が活発化し出すと、当然のことながら大天下の内実にも変化が生じてくる。それにともない外夷の観念も、かつてのような中国周縁の諸国家・諸民族に代わり、しだいに中国で存在感を増す西洋人全般を指すようになった。特に一八四〇年勃発のアヘン戦争に敗北した清朝は、イギリスとの間に不平等な南京条約を強いられ、引き続きアメリカやフランスとも同様の条約を締結して西洋諸国の風下に立った。

これ以後、外夷は西洋諸国を表す代名詞ともなり、軍事的に劣勢の立場にある清朝は、外夷の繰り出す種々の要求を受け入れ、ますます不利な状況に追い込まれていった。すでにこの時点で、清朝は名ばかりの天朝になっていたことはいうまでもない。にもかかわらず、清朝は「天朝の定制（華夷秩序に基づく慣例）」を前面に押し立て、伝統的な外夷操縦法である「遠人の懐柔」を主張するなど、天朝の体面を必死に護持し続けた。

清朝からすれば、アヘン戦争後の南京条約での五港（広州・廈門・福州・寧波・上海）の開港は、自由貿易を求める外夷を懐柔するための恩恵的措置であった。そもそも「地大物博」を誇る清朝にとり、貿易など必要ではない。外夷に貿易を認めること自体、天朝の恩恵以外の何物でもなかった。道光帝（在位：一八二〇～一八五〇）の次の言葉はまさしくその事実を物語る。

天朝が各国をいたわり統御するやりかたは一視同仁（差別することなく平等に慈み愛すること）である。……現在はすでに各国に一律に通商を許したのだから、天朝の恩は高く厚いものがある。（『清宣宗実録』道光二十三年九月癸巳）

貿易を許可したのだから、感謝せよとの態度である。南京条約以後には、西洋諸国との間に不平等な片務的最恵国待遇条項が課せられたが、これもまた一視同仁の観点から外夷に公平に恩寵を与えるものと解釈された。半ば強要されてやむなく取った措置ではあっても、清朝は虚勢を張って天朝の論理で正当化したのである。

かつて清朝がさかんに五族共存の繁栄を謳った乾隆時代、拡大する版図は天朝の徳化の証しであり、中外一家は天朝の盛時を表す象徴的な概念であった。しかし、アヘン戦争以後には、中外一家はむしろ清朝の退勢を糊塗するための常套句となり、外夷に向かってこの言葉を発することで、天朝の沽券を保とうとした。

もはや、中華と外夷の立場は実質的には逆転し、客観的に見れば清朝の実態は華夷変態そのものであった。外夷は政治・経済等あらゆる面に介入を強め、清朝の主権や国土をしだいに侵食していく。それはまた漢人からすれば、西洋人と満洲人との二重の意味での夷の支配をこうむることでもあった。のちに清末の革命家・陳天華が清朝を「洋人の朝廷」と形容し、西洋諸国の放逐と清朝の打倒を唱えたのも理由がないではない。

今日の中国人が天朝という言葉に抱くイメージ、すなわち旧態依然として過去の栄光のみにすがった頑迷固陋な朝廷というイメージは、十九世紀後半の清朝の姿と重なり合う。清朝はかって周辺諸国を圧伏して大天下を築いたあの天朝とは異なり、すでに小天下の天朝とさして変わらぬ存在となり果てていた。皇清の中夏を標榜した乾隆帝の時代から約一世紀。さしもの大清王朝も天朝の論理を振りかざすだけでは、もうどうすることもできない極みに立ちいたっていたのである。

第十一章　中華民族の大家庭――近・現代

戊戌の変法

一八九四年七月から翌年三月まで続いた日清戦争は、清朝の敗北をもって終わりを告げた。今まで東夷と見下してきた東方の小国日本に敗れたことは、清朝にとって信じ難い屈辱であり、大きなショックであった。開国まもない日本が瞬く間に近代化に成功し、強国になり得たのはなぜなのか。日本と同様、西洋の技術や知識を取り入れる洋務運動を展開してきた清朝が、なぜ東夷の小国に敗北したのか。多くの官僚・知識人たちは、中国の行く末を案じて国家の再建策を必死に模索した。

日本が成功したのは西洋の技術・知識を吸収するのはもちろん、体制そのものも西洋風に変更したからではないか。西洋に倣って憲法を制定し、議会を開いて立憲君主制国家を作り上げた。体制面での変革を成し遂げたため、日本は成功したのだと彼らは考えた。ここに、かつて

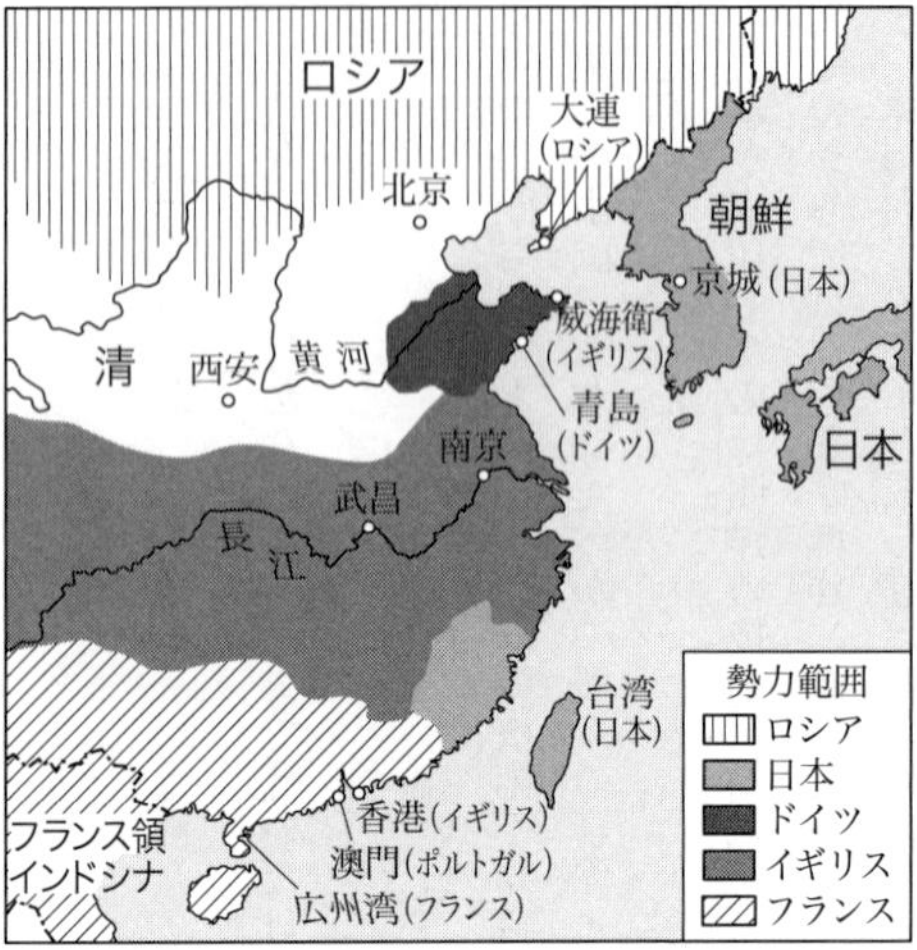

列強の勢力範囲（佐伯有一『中国の歴史 8　近代中国』講談社をもとに作成）

の洋務派官僚に代わって新たに台頭してきたのが体制の変革、つまり中国風に言い換えると「変法」を主張する変法派に他ならない。その代表者が公羊学者の康有為（一八五八〜一九二七）であり、またその弟子の梁啓超（一八七三〜一九二九）等であった。

いわゆる変法を主張した人物は、彼ら以前にいなかったわけではない。しかし、それが変法派という形で政治運動へと発展したのは、日清戦争に敗北してからのことである。当時、日本を含む列強の侵略はますます激しさを増し、中国はいうところの「瓜分《かぶん》（瓜を切るように国土を分割すること）」の危機に陥っていた。このままの状況でいる限り中国は滅び、中国人も滅亡するに違いない。そうならないようにするためには、現在の体制を変革し、変法を達成しなければならない。彼らはそう考えたのである。

やがて康有為を中心とするグループは、改革の意欲に燃える時の皇帝光緒帝（在位：一八七五～一九〇八）によって登用され、一八九八年六月、変法開始の詔が下される。以後、九月までの約百日間に、科挙改革をはじめ近代的な学校制度や新式陸軍の建設など、政治・教育・軍事等さまざまな面にわたる改革案が矢継ぎ早に打ち出された。これが世に名高い「戊戌《ぼじゅつ》の変法」である。

しかし、それは一方で、既得権を得ていた保守派官僚や皇族の利益と真っ向から対立するものでもあった。同年九月、保守派とその中心人物である西太后によりクーデタが敢行され、光緒帝は捕らえられて紫禁城西側の西苑の瀛台《えいだい》に幽閉される。康有為と梁啓超はすんでのところで日本に亡命したが、譚嗣同《たんしどう》など「戊戌六君子」は逮捕され処刑された。変法派による体制内改革は、体制崩壊を恐れる保守派の反動的策動により、わずか百日あまりで頓挫したのである。明治維新にならって百日維新と呼ばれるゆえんである。

華夷の別と大一統

これより以前、日清戦争が始まった一八九四年、ハワイで一つの革命結社が誕生した。のちに中華民国臨時大総統となる孫文（一八六六～一九二五）が組織した興中会である。このとき孫文が掲げた興中会の革命綱領は次のようなものであった。

韃虜《だつりょ》を駆除して、中華を恢復し、合衆政府を創立する。（「檀香山《ホノルル》興中会盟書」）

韃虜とは夷狄の満洲人のことで、その夷狄の支配する清朝を打倒して、漢民族の中華を回復し、合衆政府すなわち共和制国家を樹立する。清朝治下で途絶えることなく伏流してきた反清復明の水脈が、瀕死の清朝に追い討ちをかけるように、地表に噴き出し始めたわけだ。

革命派の動きは変法運動の挫折後しだいに活発化し、一九〇五年にはいくつもの革命組織が東京で大同団結して中国革命同盟会が結成された。総理は孫文。彼の主張する「韃虜の駆除・中華の恢復・民国の創立・地権の平均」の「四綱」が、同盟会の綱領として採択された。のちに「韃虜の駆除」と「中華の恢復」は、民族・民権・民生の三民主義の一つの民族主義へと結晶し、漢民族国家復興のためのスローガンとなっていく。清朝入関当時の満漢一家の掛け声は、排満興漢の大呼号に取って代わられた。

革命派がめざしたのは、満洲族の中華支配を否定する民族革命であった。彼らは中華と夷狄の違いの中で、特に民族の違いを強調した。本来、中華の周縁にいるべき夷狄の満洲族が、中華に入って漢族を統治しているのが清朝である。異民族王朝である清朝の統治下で、漢民族は塗炭の苦しみを味わっている。今こそ、かつて漢族が受けた清朝入関当初のあの大殺戮を思い起こすべきである。彼らは満洲族を口汚くののしった。革命派にとっては民族的な「華夷の別」こそ革命の原動力であったのだ。

体制内改革を主張した変法派と体制打倒を企図した革命派とでは、もともと華夷観にも大きな隔たりがあった。清朝を護持するのと清朝を否定するのとでは根本的な相違があり、それはそのまま満洲族の処遇にも関係する。変法派は満洲族の中華支配を認めたうえで、漢族を含む五族の共存を強く主張した。それはいってみれば乾隆帝の実現した「皇清の中夏」を維持することであり、「皇清の大一統」を守り抜いてこそはじめて列強の侵略にも対抗できるというものであった。

かたや革命派の考えでは、列強の侵略から中国を守るためには、何はともあれ腐敗し切った満洲族の清朝を打ち倒し、漢民族による共和制国家を樹立せねばならない。真の中華を回復して内部の結束を図ってこそ、列強に対抗できようというものだ。そのためには、まずは満洲族を中華から駆逐して革命を成就する必要がある。皇清の中夏の中で均衡を保っていた「大一統」と「華夷の別」の観念は、それぞれ変法派と革命派との両極端に分裂してしまったのである。

武昌蜂起のレリーフ(北京の人民英雄記念碑，小野信爾『図説中国の歴史9 人民中国への鼓動』講談社より)

辛亥革命

一九一一年十月十日、湖北省武昌で革命派の軍人たちが一斉に蜂起した。これを皮切りに続けさまに各省が独立し、清朝は一気に崩壊に向かうことになる。一カ月余のうちに独立を宣言した省は全国で十四。清朝に残った中国本土の省は、直隷・河南などわずか数省にすぎなかった。同年末に各省の革命軍政府の代表は南京に集まり、翌年一月一日をもって中華民国元年とすることを決定、孫文を臨時大総統に選出した。伝統的な皇帝制度に代わって共和制が立ち上げられたわけで、この一連の出来事をその年の干支にちなんで辛亥革命と呼ぶ。

すでに十月十日の武昌蜂起の翌日、彼ら革命派軍人は中華民国湖北軍政府を樹立して革命宣言を布告した。その一節はこうである。

今日の満奴は決して漢家の者でないことを知らねばならない。……大義に燃える者がおれば、武器を取って駆けつけるべきである。ともに光復の事業を図れば、漢家の中興も夢ではない。（「中華民国軍政府鄂軍都督黎布告」）

民族革命を志す革命派ならではの激越な口調の布告であった。だが、現実は湖北など一部の省を除けば、独立した省の多くは革命派ではなく、立憲派（変法派）や清朝の地方高級官僚あるいは諮議局（地方議会）議員らに牛耳られ、革命派の付け入る隙はなかった。革命は成就したものの、革命派主導のもとに達成されたわけでなく、中華民国政府はまさしく同床異夢の寄り合い所帯であった。

それゆえ、革命派が主張していた革命の呼号である「韃虜の駆除」もいつしかうやむやとなり、民国元年（一九一二）三月十一日に交付された『中華民国臨時約法』では、次のように規定された。

第一条　中華民国は中華人民がこれを組織する。
第二条　中華民国の主権は国民全体に属す。
第三条　中華民国の領土は二十二の行省（満洲の東三省および新疆省を含む……筆者注）と内外のモンゴル、チベット、青海とする。

第四条　中華民国は参議院、臨時大総統、国務員、法院を以てその統治権を行使する。
第五条　中華民国の人民は一律に平等であり、種族・階級・宗教の区別はない。

見てのとおり、中華民国は清朝の版図をそのまま継承するもので、五族（漢・満・蒙・回・蔵）も中華人民と規定され、五族共和が強調された。長年、漢民族国家の復興を唱えてきた孫文も、中華民国の大総統になった現在、自説を引っ込めて五族共和を掲げるしかなかった。革命派からすれば、最後の最後に立憲派に逆転されたといった形であった。

中国と中華民族

革命派と立憲派との対立抗争はさておき、ここで今一度、先の『中華民国臨時約法』に戻っていただきたい。第二条に「主権」「国民」、第三条に「領土」という用語のあることに気づくだろう。

周知のように、西洋では十八世紀から十九世紀にかけての市民革命を経て、近代の国民国家が相次いで誕生した。やがて西洋列強の世界進出とともに、その体制が全世界を覆い出すと、アジアにおいても西洋に追いつくために、近代国家の形成が急がれることになる。近代国家の基本的な特徴は、「主権」「領土」「国民」の三つの要素を兼ね備えていることであり、アジアでいち早く近代国家を実現したのは、明治維新を達成した日本であった。『中華民国臨時約法』にも同様の概念が取り入れられていることは、中国もまた近代国家に脱却しようとしていたことを示している。

もともと中国でこの問題に強い関心を抱いたのは、変法運動の失敗後日本に亡命していた梁啓超である。彼は横浜で『清議報』や『新民叢報』を発刊しては革命派に対して論陣を張り、体制内での改良主義を主張した。彼は日本で学んだ新思想を普及させて人々の啓蒙を図ったが、中国を近代国家に生まれ変わらせるには、まずは自国の国名を定めることが肝要だとして、新国家に相応しい名称を真剣に考えた。

従来、中国では多くの王朝が興亡したものの、日本国号のように時代を超えて呼称される国名が存在しなかった。そこで彼は天下の中心にあって文明の高い地域を漠然と指す中国という概念を、新たに国民国家の名称とするよう提唱し、後世それが受け入れられてしだいに定着したわけだ。現在我々が普通に使う中国・中国人という概念は、近代国家の確立過程で意図的に生み出されたものだということを知らねばならない。

一九〇一年、梁啓超は国名としての中国と日本から輸入した民族という概念を結びつけて、中国民族という新しい概念を初めて使用した。さらに翌一九〇二年には、中国民族に代えて中華民族という概念を提示し、これを近代の国民国家の担い手となり得る国民概念に匹敵させせようとした。つまり、当時の清朝治下の人々に中華民族というアイデンティティ（帰属意識）を持たせることで、「中国」国内の人々にまとまりと統一性を与えようとしたわけだ。

『中華民国臨時約法』にある「主権」「国民」「領土」という概念は、まさしく中華民国が近代の国民国家を志向していたことを示すものである。一方、第一条にある「中華人民」とは先の梁啓超の主張した「中華民族」に他ならず、その民族とは五族を含むかつての皇清の中夏の諸民族のことで、彼らの「一律に平等」な五族共和が約束されていた。

つまり、『臨時約法』には近代国家と中華帝国の理念が混在しているわけで、それはとりもなおさず中華民国が中華帝国をそのまま近代国家に横滑りさせて成立したことに起因する。清朝は滅んだものの清朝の骨格はそのまま残っていたわけで、皇帝制度を共和制という政体に挿《す》げ替えたにすぎなかった。多民族複合国家としての大清帝国の性格は、中華民族というフィクションのもと、しっかり中華民国にも継承されていたのである。新国家の門出が、波乱含みであったことはいうまでもない。

孫文の中華民族論

孫文を臨時大総統として中華民国が南京で成立した一九一二年当時、北の北京には依然清朝政府が存在していた。このとき清朝を代表して孫文と交渉したのは総理大臣の袁世凱（一八五九

〜一九一六）であり、孫文はラスト・エンペラー溥儀《ふぎ》の退位を条件に、袁世凱に臨時大総統の地位を譲って下野した。軍事力をにぎる袁世凱には太刀打ちできないとの判断の結果であるが、革命の継続を袁世凱に強く期待してのことでもあった。

だが、この袁世凱という男はまったくの食わせ者で、自分の欲望のままに行動する掛け値なしの権力亡者であった。やがて革命派の弾圧を始めたことで、一九一三年に孫文らは第二革命を起こすが失敗、日本への亡命を余儀なくされた。その後、袁世凱は正式に大総統の地位につき、あまつさえ最後は帝政復活を宣言して皇帝に即位する。さすがにこれには国内の反発が大きく、ほどなく帝政は撤回され袁世凱も失意のうちに死亡したが、袁世凱に翻弄された中国は、革命前よりもいっそう混乱の度合いを深めることになった。

一方、日本に亡命した孫文は東京で中華革命党を組織すると革命運動を継続し、やがて一九一九年には国民政党である中国国民党を結成するにいたる。すでにこの頃には臨時大総統時代と異なり、彼の五族共和に対する考えにも大きな変化が現れていた。もともと立憲派の五族共和論に批判的であった彼は、五族共和を否定して新たに中華民族概念を主張し出したのである。

漢族はその血統や歴史と、かの漢族という自尊・自大の名称を犠牲にして、満・蒙・回・蔵の人々と誠実に交流し、互いに溶け合って一つとなり、中華民族の新しい主義を作り出

させねばならない。（『三民主義』一九一九年）

もちろん、彼の構想した中華民族とは、『臨時約法』が規定したような一律平等な五族の総称としてのそれではない。あくまでも漢民族が主体となった中華民族である。孫文には明らかに夷狄に対する蔑視観があり、優れた漢民族が劣った異民族を漢民族に同化することで、中華民族は完成するものと考えていた。これを孫文の大漢族主義ともいう。漢民族は中華民族になっても、実体には何の変化もない。だが漢民族以外の諸民族は、漢化されることで文明を手に入れることになる。中華民族概念の提示は、ストレートな漢化という表現を避けた現代版の華化政策でもあった。

古来、漢民族は周辺民族に対し中華と称して独尊的な態度を持してきた。そんな中華を冠した中華民族の中に、中華世界と無縁の諸民族を含めることは、漢民族側の独りよがりで恩着せがましい驕《おご》り以外の何物でもない。周縁民族にとっては、正直言って傍《はた》迷惑なことであったろう。じじつ、中華民国が成立して漢民族主体の国家が誕生すると、彼らもまた自民族の自立をめざし出す。中華民族であろうが中華人民であろうが、周縁民族にすればまったくあずかり知らぬ事柄であったからだ。

中外一家の動揺

中華民国が内包する華と夷の矛盾は、早くも新国家建設のさなかに露呈した。一九一一年十二月、外モンゴルのハルハ地方の王侯たちが、チベット人活仏のジェプツンダンバ・ホトクト八世(ボグド・ハーン)を擁して独立を宣言したのである。彼らはロシアの支援を得て内モンゴルをも統一しようとしたが果たさず、紆余曲折を経て外モンゴルの自治権だけを獲得する。その後もロシアや中国の干渉をこうむりながら、ようやくボグド・ハーンのもとで独立したのが一九二一年。その三年後の一九二四年には、モンゴル人民共和国として完全に独立を達成した。中国からすれば内モンゴルは死守したものの、外モンゴルの離脱でかつての中外一家の一角が崩れることになった。

中外一家の動揺はまだある。十九世紀末以来、イギリスにたびたび侵略されてきたチベットだが、辛亥革命の前年にチベットの直接支配を狙う清朝の侵攻を受けて、ダライ・ラマ十三世はチベット政府の高官ともども英領インドに亡命した。これに対して清朝は、廃位したダライ・ラマに代えてパンチェン・ラマに統治させたが、時あたかも辛亥革命が起こり清朝そのものが滅亡してしまう。

革命の混乱が続く中、ラサに戻ったダライ・ラマ十三世は一九一三年一月に独立を宣言。中国側の承認を得られないまま、チベットは事実上の独立を第二次世界大戦後まで維持し続けた。一九五〇年の人民解放軍の武力侵攻と一九五九年のチベット暴動で、ダライ・ラマ十四世がインドに亡命して初めて、中国政府はチベットを完全に支配下に置くことになる。もちろん、チベット側がその状況に納得していないことは、今なおダライ・ラマの亡命政権がインドに存在することからもうかがえる。外モンゴルと異なりチベットは中国に留め置かれたものの、中外一家の動揺はその後も収まることはなかった。

モンゴルやチベットに比べると、新疆の民族運動はやや遅れて一九三〇年代から活発化した。かつて中国から西域と呼ばれたこの地域に、中国国内と同じ省制がしかれて新疆省となったのが一八八四年。爾来、当地のウイグル族は中央から派遣された漢人官僚に支配され、一部の義塾では漢語教育も施された。辛亥革命後には中華民国政府も省制を踏襲し、漢人官僚が省のトップに立って独裁権力をふるったため、新疆は中央に対して長らく半独立状況を呈した。

この間、一九三三年にウイグル族のイスラーム教徒が、新疆西南部のカシュガルで東トルキスタン・イスラーム共和国の独立を宣言したが、わずか半年あまりで崩壊。また一九四四年には新たに東トルキスタン共和国が誕生し、二年近く新疆北部を支配した。ともにウイグル族の反中国意識が表面化したものだが、独立運動自体はけっきょく成就しなかった。国共内戦後の人民解放軍の進駐を経て、一九五五年に新疆ウイグル自治区が設置されたからである。

モンゴル・チベット・新疆など清代に藩部と呼ばれた地域は、中華民国が成立すると五族共和の掛け声のもと中華の地に入れられた。だが彼ら藩部の者は、多重な面貌を持つ清朝皇帝にはそれぞれ臣従しても、中華帝国そのものにアイデンティティを感じていたわけではない。清朝が滅べば、新興の中華民国という漢族中心の国家の中に留まる義理も筋合いもなかった。まして中華民族など、彼らにとってほとんど無縁の概念である。中外一家が動揺するのも、むしろ当然だったというべきであろう。

中国共産党の民族政策

中国国民党にやや遅れて一九二一年に成立した中国共産党が、当初採用した民族政策は連邦制を骨子とするものであった。中国本土を漢民族の共和制国家にして、モンゴル、チベット、新疆では自治を行い、それらの地域の自由意志に基づき連邦を構成する。国名は中華連邦共和国。孫文の中華民族構想とは異なり、明らかに周辺諸民族の自律性を重視した共産党ならではのビジョンであった。

だが、こうした方針も日中戦争の開始とともに大きく変化する。特に満洲、モンゴルが日本の脅威にさらされ中国本土も危うくなると、戦略上からも共産党の方針は維持し難くなる。さらに日本の侵略が激しさを増し、国民党との間に抗日民族統一戦線が結成されると、共産党は全民族が一致団結して抗日に当たる必要があるとし、民族間の矛盾は差し置き中華民族概念を強調した。孫文の掲げた中華民族は、そのまま共産党に継承されたのである。

この方針転換がすんなり確定したわけではないが、一九四九年の中華人民共和国成立直前に開かれた中国人民政治協商会議での共同綱領は、中国の民族政策に基本的な指針を提供することになる。なかでも「中華人民共和国を各民族が仲良く協力し合う大家庭にする」(第五十条)との宣言は、民族融和のためのキーワード「中華民族の大家庭」の先蹤となった。今日中国政府の進める和諧《わかい》(調和)社会実現に向けた「偉大な中華民族の大家庭」という大合唱もその延長上にある。かつての五族は今や大家庭の一員となり、互いに切っても切れない関係となったわけだ。

単刀直入に言って、現代の「中華民族の大家庭」が、清代の「中外一家」の焼き直しであることは言を俟たない。中国本土(中)と満洲および藩部(外)を一家とするのが中外一家であり、中国本土(中)の漢族と周縁(外)の満・蒙・回・蔵を合わせた五族(ここには他の諸民族も含む)が、家族(一家)のようになるのが中華民族の大家庭である。大家庭の根底にあるのは伝統的な天下一家観であり、この観念が今なお一つの価値世界として、中国人の意識を規定していることが見て取れよう。

問題は、大家庭の構成員である中華民族の実体である。先述したように、中華民族とは近代国家の形成時に創出された虚構の民族概念であり、伝統的な中華概念と和製漢語の民族とが組み合わさって成り立っている。満洲皇帝が統治した中外一家と異なり、漢民族が主導するのが大家庭であるが、公式には何度もいうように中国国内の全民族が中華民族だとされる。だが、それは法的にそう規定されただけで、何を根拠に中華民族と呼ぶのか、どう定義づけるのか、その実体となるとかなり怪しい。

文化的にも宗教的にも言語的にも異なる諸民族を、「偉大な中華民族」として大家庭の中に収めるには、中華民族の実体を証明し得る理論的な根拠が必要である。それは中国政府にとっては建国以来の懸案であり、解決せねばならない課題であった。この難題に対して、のちに一人の高名な社会学者が一つの回答を提示する。そのあまりにも時宜を得た学説の出現に、中国政府はすかさず飛びついた。一九八八年に発表された費孝通（一九一〇〜二〇〇五）の「中華民族多元一体構造」論である。

中華民族の多元一体構造

費孝通の理論に関しては、毛里和子氏の整理が簡にして要を得ているため、そのまま引用すると次の三点にまとめられる。

第一は、漢民族自体が歴史的に中国領域で生きてきた諸民族の接触・混合・融合の複雑なプロセスを通じて生まれ、その中で「中華民族の凝集的核心」になっていったこと。

第二が、中国領域内にすむ諸民族はその形成は多元的だが一体を形成し、「中華民族多元一体の構造」が生まれたこと。

第三が、この「中華民族」は、「自然発生的な民族実体」として数千年前から徐々に形成されてきたが、一九世紀半ばから列強と対抗する中で、「自覚的な民族実体」になっていったこと。（『周縁からの中国——民族問題と国家』七十六頁）

要するに、中華民族はその概念が提示される二十世紀初頭よりもはるかに古い時代に起源を持ち、決して近代国家の形成時に意図的に作り出された虚構などではない。中国の悠久の歴史の中で種々の民族が接触・融合して、「自然発生的」に形成された「民族実体」だというのである。

周知の通り、中華人民共和国は現在約十三億の人口を抱え、そのうちの九十パーセント以上を漢族が占める。だが、それ以外に一七〇〇万人ほどのチワン族（壮族）をはじめ、満洲族や回族、チベット族、モンゴル族、ウイグル族、朝鮮族など五十五の少数民族（異民族ではない）がおり、政府認定の民族は全部で五十六を数える。つまり、現在の中国は多民族の統一国家なのであり、諸民族をまとめる高次の民族概念として、中華民族＝中国人という呼称を用いているわけだ。

だが、われわれが普通に中国人というとき、イメージするのはやはり漢族である。チュルク系のウイグル族やあるいはチベット族も同様に中国人だといわれても、何がしかの違和感を覚えてしまう。日本人からすれば、中国語といえば漢族の話す言葉であり、日本人に馴染み深い漢文こそ中国の古典である。もともと中華とは中原を中心とした漢地と通念されていたのだから、いくら周縁の諸民族も中華民族だといわれても戸惑うばかりである。これは当の漢族自身の感覚もさほど変わらない。

費孝通の説は中国政府にとってきわめて好都合なもので、彼の本意が奈辺にあったかは措き、現在の中国はこの理論に基づき多民族国家中国の正当化を図っている。小学生向けの教科書『中華民族大家庭』の編集や『中華民族大家庭知識読本』の発行なども、その一環として理解してよい。もっとも費孝通の説を拡大解釈していくと、朝鮮半島の朝鮮・韓国人も外モンゴルのモンゴル人も中華民族ということになる。いずれ彼らも大家庭に加わるのならまだしも、率直に言ってそんな可能性はまったくない。なるほどたしかに中華民族という概念自体、伝統的な中華思想の産物なのであろう。

天下観の名残

繰り返せば、今日の中華は中国政府が実効支配する領域全体を指し、その中華に居住する五族(正確には五十六族)が中華民族である。こうした中華観念が、皇清の中夏を継承していることはいうまでもない。この場合、中華民族か否かの基準は民族そのものではなく、ひとえに中国政府の実効支配の有無にかかっている。独自の国家を持つモンゴル族や朝鮮族でも中国領域内に居住する者は、それらと区別してともに中華民族と規定されたのである。

こんな中華民族概念や大家庭の観念を見ても、中国人の発想あるいは思考パターンの中に、伝統的な天下観が色濃く残っていることに気づくだろう。中華民族とは端的に言って、清代の中国本土と満洲・藩部の民を含む総称であり、両者を合わせた中外一家が今日の中華民族の大家庭なのである。この大家庭という空間は、歴代王朝が実効支配した「狭義の天下」に相当し、天下一家に代わる国内統合のための新たな呼号として、さかんに喧伝されているわけだ。

伝統的な天下観の名残は中国国内に関してだけではない。対外的な姿勢いわゆる「広義の天下」観にも認めることができる。冒頭に述べた二〇〇五年の「鄭和の西洋下り」六百周年記念の航海日の制定は、その意味で象徴的である。中国がもっとも華やいで見えた明の永楽の盛時、六十余カ国が四方から朝貢してきて天下一家(華夷一家)を実現した。それに貢献したのが鄭和の西洋下りである。鄭和の「平和外交」を顕彰して航海日を制定したことは、狭義の天下での中華民族の大家庭と並ぶ、広義の天下での新たな天下構想の現れであったに違いない。

　そもそも鄭和は大艦隊を率いて、アジア・アフリカ諸国で示威行動を行っただけではない。じつは多くの国に朝貢をうながすために、莫大な額にのぼる下賜品をもたらし各国でばら撒いた。明を中心とした国際秩序の確立は、そうした経済的な利益に誘導された周辺諸国の中国詣《もう》での結果でもある。九百年ぶりに冊封国になった日本も、その例外ではない。ありていに言えば潤沢な財政に支えられた、世界第一の経済大国の大明だからこそ実現可能な天下構想でもあったのだ。

　二〇〇五年の航海日の制定も、経済的実力をつけて自信を持った中国が、やおら世界に向かって自己主張を始める前夜のことであった。じじつ、二〇一〇年代になって中国は矢継ぎ早に政治・経済面での新政策を打ち出し、日増しに存在感を強めて今日にいたっている。二〇一三年に提唱された「陸と海のシルクロード(一帯一路)」構想はその最たるものであろう。南シナ海、インド洋、アラビア海、東アフリカ、地中海へと連なる海のシルクロードなど、まさに鄭和の航海ルートを髣髴とさせるものがある。

「中国の夢」キャンペーン広告

新たな天下の創設

アジアの政治・経済体制を主導したい中国が、真っ先に打ち出したのがこの「一帯一路」構想であった。その本気度は、沿線各国のインフラ投資のためにシルクロード基金を設けたり、アジアインフラ投資銀行を設立したことからもうかがえる。一帯一路がアジア地域での中国の影響力の向上と主導権の確立を目的としていることは、誰が見ても疑う余地はない。それは政治・経済のみならず、安全保障などの軍事面も含めた中国主導の共同体構想であり、共存共栄を謳い文句にしたまさしく広義の天下一家の実現プランであった。

近年とみに中国政府が中華あるいは中国概念を強調するのも、こうした天下構想と決して無縁ではない。先に見た「中華民族の大家庭」は、国内向けの民族融和のためのスローガンであるが、それと並んで二〇一二年以来、「中華民族の偉大な復興」とか「中国の夢」が声高に叫ばれるようになった。偉大な復興とは畢竟、かつての偉大な中華帝国の復興であり、それはまた半植民地化される以前の中華帝国の復興でもある。今日周辺諸国に不安を与え続けている積極的な海洋進出も、中国にいわせれば固有の領土を回復するという「偉大な復興」にすぎないわけだ。

二〇一〇年にGDP(国内総生産)で日本を追い抜き、世界第二位の経済大国となった中国は、今やアメリカしか眼中にないようだ。二〇一三年六月、アメリカでの米中首脳会談で習近平主席が打ち出した「新型の大国関係」は、中国とアメリカという東西の大国によって太平洋の勢力圏を分割しようとの提言であった。対立・抗争を避けて互いにウィン・ウィンの協力関係を築こうというのだが、周辺諸国をいっさい度外視したこの発想自体、伝統的な中華帝国の天下観抜きには生まれ得ない。中国中心の新天下構想をバックに、アメリカに対して向こうを張ったというのが実情に近いのではないか。

だが、アメリカと「大国関係」を結ぶということは、アメリカには一目おいていることを意味し、一昔前なら同じ「天朝」として雌雄を決するか、あるいは盟約を結んで互いの持ち分を取り決めたことだろう。あたかも金と南宋とが淮水を挟んで南北に相対峙し、誓書を交わして平和を維持したように。

早い話が、「新型の大国関係」とは金と南宋の南北朝さながら、太平洋を挟んでの境界が不分明な「東西朝」の誕生をイメージすれば分かりやすい。それはまた思い切り中国にひきつけていえば、新たな天下の創出に向けた壮大かつ深遠な中国の企《たくら》みとみなしてよいかもしれない。

もちろん、こうした見方がきわめてうがった、ためにする解釈だとの批判は当然起こり得よう。ただ、中国の一つ一つの行動を見ると、中華帝国の論理で解釈した方が分かりやすい事象の存在するのもまた事実である。何かといえば中国の要人が歴史を持ち出すのも、かつて天下に君臨した中華帝国の幻影が彼らの脳裏にこびりついているからに違いない。そうであるならなおさらのこと、中国の伝統的な行動原理をしっかり押さえて、かの国には向き合う必要がある。何といっても今日の中国を導いているのは、悠久の歴史の中で生まれた偉大な中華民族なのだから。

エピローグ

中華民族云々はさておき、前近代の東アジアで機能してきた天下システムは、近代以後どうなったのだろうか。結論からいえば、東アジア諸国が近代国民国家へと生まれ変わるにともない、以前のように天下観を媒介に対外関係を調整・処理するようなことは当然なくなった。ダブル・スタンダードも解釈の非対称性も、もはや存在しない。とはいえ、東アジア諸国から完全に天下観念が消滅したかといえば、必ずしもそうではない。むしろ本場の中国では伝統的な天下観に基づき、現代に見合った天下システムの創設を主張する動きすらある。

今世紀に入って間もない二〇〇五年、中国で一冊の本が出版されて学界内外に大きなセンセーションを引き起こした。趙汀陽氏の『天下体系――世界制度哲学導論』(江蘇教育出版社)である。趙氏によれば、近代を特徴づける主権国家システムでは戦争と紛争とを解決することができず、それを乗り越えるためには国家の上位にある天下を前提とした天下システム(天下体系)に頼らざるを得ない。天下システムという世界制度を通してのみ、民族・宗教等を超越した世界の公共心や公利を実現することができるという。

要は中国伝統の天下一家（天下を公と為す）の観念を、現代の国際政治に適用しようというものなのだが、同じ天下システムでも本書のそれとはまったく異なることに気づくだろう。本書でいう天下システムは、大天下と小天下ないし小天下相互の関係調和を媒介する機能概念であるのに対し、趙氏の天下システムは大天下の理念によって、新世界秩序を構築しようとする方法概念である。さらに本書の天下システムが中国を相対化したところから生まれた概念であるのに対し、趙氏のそれはあくまでも中国主導であるところに大きな違いがある。

こうした発想が今世紀になって登場してきたのも、国際社会での中国の台頭と決して無関係ではない。まさに大国に相応しい役割が期待されるなかで、中国独自の世界観として提起されたのが趙氏の天下システム論であった。この論と狭義の天下を念頭に置く費孝通の多元一体構造論とが補完し合って、やがて中国中心の新たな天下観が構築される可能性も大いにある。今後中国が大国として、天下一家の道徳面を重視するか政治面を重視するかで、国際秩序のありようも変わってこよう。はたして中国はいずれを選択するのか、依然中国の動向から目を離せないことだけは確かなようだ。

二〇一三年末に拙著『明代海禁＝朝貢システムと華夷秩序』（京都大学学術出版会）をものした際、最終章で天朝体制という概念への喚起を促した。以来、その概念で中国史を通観するとどのような中国像が描けるのか、それが次なる私の課題となった。その後、思いつくままに少しずつ書き進めていたところ、折り良く岩波書店新書編集部の中山永基《ひでき》氏よりお声がかかり、手持ちの原稿をお見せする機会を得た。一読して興味を持たれた中山氏は継続して執筆するよう勧められ、それに応えて一気に書き上げたのが本書である。

本書の大要は、今春まで勤めた京都女子大学での講義録に基づいている。できれば教員生活の区切りとして、定年までに完成・出版に漕ぎつけたかったのだが、諸般の事情から間に合わなかった。熱心に講義を聴いてくれた学生諸姉には、お詫びとお礼を申し上げたい。また時間的制約がなくなった分、再度熟考して書き上げたつもりであったが、あらためて読み直してみると意を尽くしていない箇所も目につく。読者のご寛恕を請うとともに、忌憚のないご意見をいただければ幸いである。

それにしても新書編集部の中山永基氏には、本書の企画段階から完成にいたるまで、あらゆる面で大変お世話になった。氏の適切なアドバイスがなかったら、本書がこうした形でこんな短期間に完成することもなかったであろう。この場を借りて衷心より感謝の意を表したい。

二〇一六年初夏

檀上　寛

参考文献

郭成康「清朝皇帝的中国観」『清史研究』2005 年第 4 期
張双志「清朝皇帝的華夷観」『歴史档案』2008 年第 3 期
浜下武志『朝貢システムと近代アジア』岩波書店，1997 年
平野聡『清帝国とチベット問題』名古屋大学出版会，2004 年
茂木敏夫『変容する近代東アジアの国際秩序』世界史リブレット（山川出版社），1997 年
桃木至朗『中世大越国家の成立と変容』大阪大学出版会，2011 年
桃木至朗他編『グローバルヒストリーと帝国』大阪大学出版会，2013 年

第 11 章
王柯『20 世紀中国の国家建設と「民族」』東京大学出版会，2006 年
岡本隆司編『宗主権の世界史——東西アジアの近代と翻訳概念』名古屋大学出版会，2014 年
加々美光行『中国の民族問題——危機の本質』岩波現代文庫，2008 年
葛兆光『宅茲中国——重建有関「中国」的歴史論述』中華書局，2011 年
葛兆光著，辻康吾監修・永田小絵訳『中国再考——その領域・民族・文化』岩波現代文庫，2014 年
川島真『中国近現代史②　近代国家への模索 1894-1925』岩波新書，2010 年
坂野正高『近代中国政治外交史——ヴァスコ・ダ・ガマから五四運動まで』東京大学出版会，1973 年
費孝通編著，西澤治彦他訳『中華民族の多元一体構造』風響社，2008 年（原著は 1989 年出版）
松本ますみ『中国民族政策の研究——清末から 1945 年までの「民族論」を中心に』多賀出版，1999 年
村田雄二郎他編『シリーズ 20 世紀中国史 1　中華世界と近代』東京大学出版会，2009 年
毛里和子『周縁からの中国——民族問題と国家』東京大学出版会，1998 年
横山宏章『中国の異民族支配』集英社新書，2009 年

は 1969 年)
葛仁考『元朝重臣劉秉忠研究』人民出版社，2014 年
胡阿祥「蒙元国号概説」『中国歴史地理論叢』2000 年第 1 期
蕭啓慶「説「大朝」：元朝建号前蒙古的漢文国号――兼論蒙元国号的演変」『蒙元史新研』允晨文化事業公司，1994 年
杉山正明『モンゴル帝国と大元ウルス』京都大学学術出版会，2004 年
――『クビライの挑戦――モンゴルによる世界史の大転回』講談社学術文庫，2010 年(初版は 1995 年)
布野修司『大元都市――中国都城の理念と空間構造』京都大学学術出版会，2015 年

第 9 章

新宮学『北京遷都の研究――近世中国の首都移転』汲古書院，2004 年
岩井茂樹「十六・十七世紀の中国辺境社会」小野和子編『明末清初の社会と文化』京都大学人文科学研究所，1996 年
岸本美緒『東アジアの「近世」』世界史リブレット(山川出版社)，1998 年
北島万次『豊臣秀吉の朝鮮侵略』吉川弘文館，1995 年
檀上寛『明の太祖　朱元璋』白帝社，1994 年
――『明朝専制支配の史的構造』汲古書院，1995 年
――『永楽帝――華夷秩序の完成』講談社学術文庫，2012 年(初版は 1997 年)
――『明代海禁＝朝貢システムと華夷秩序』京都大学学術出版会，2013 年
村井章介他編『日本の対外関係 4　倭寇と「日本国王」』吉川弘文館，2010 年
――『日明関係史研究入門――アジアのなかの遣明船』勉誠出版，2015 年

第 10 章

安部健夫『清代史の研究』
荒野泰典『近世日本と東アジア』東京大学出版会，1988 年
石橋崇雄『大清帝国への道』講談社学術文庫，2011 年(初版は 2000 年)
岡田英弘編『別冊環⑯　清朝とは何か』藤原書店，2009 年
河宇鳳著，金両基・小幡倫裕訳『朝鮮王朝時代の世界観と日本認識』明石書店，2008 年

参考文献

山内晋次『奈良平安期の日本とアジア』吉川弘文館，2003 年
——『NHK さかのぼり日本史　外交篇〈9〉平安・奈良　外交から貿易への大転換——なぜ，大唐帝国との国交は途絶えたのか』NHK 出版，2013 年
渡辺信一郎『天空の玉座——中国古代帝国の朝政と儀礼』柏書房，1996 年

第 7 章
荒川慎太郎他編『契丹[遼]と 10〜12 世紀の東部ユーラシア』(『アジア遊学』160 号)，勉誠出版，2013 年
井黒忍「受書礼に見る十二〜十三世紀ユーラシア東方の国際秩序」平田茂樹・遠藤隆俊編『東アジア海域叢書 7　外交史料から十〜十四世紀を探る』汲古書院，2013 年
川本芳昭「遼金における正統観をめぐって——北魏の場合との比較」『東アジア古代における諸民族と国家』所収(初出は 2010 年)
島田正郎『契丹国——遊牧の民キタイの王朝[新装版]』東方書店，2014 年(初版は 1993 年)
杉山正明『中国の歴史 08　疾駆する草原の征服者』講談社，2005 年
宋徳金「遼朝正統観念的形成与発展」『伝統文化与現代化』1996 年第 1 期
孫政「契丹未能統一中原的原因探析——以耶律徳光南征為例」『烟台大学学報(哲学社会科学版)』2009 年第 3 期
趙永春「試論遼人的“中国”観」『文史哲』2010 年第 3 期
董克昌「誰是“小堯舜”？」『民族研究』1990 年第 2 期
陶晋生『宋遼関係史研究』中華書局，2008 年(初版は 1984 年)
古松崇志「契丹・宋間の澶淵体制における国境」『史林』第 90 巻第 1 号，2007 年
松丸道雄他編『世界歴史大系　中国史 3　五代〜元』山川出版社，1997 年
毛利英介「澶淵の盟の歴史的背景——雲中の会盟から澶淵の盟へ」『史林』第 89 巻第 3 号，2006 年
熊鳴琴『金人「中国」観研究』上海古籍出版社，2014 年
劉粛勇「論完顔亮」『中国史研究』1985 年第 4 期

第 8 章
愛宕松男『世界の歴史 11　アジアの征服王朝』河出文庫，1989 年(初版

第５章
川本芳昭『魏晋南北朝時代の民族問題』
——『中国の歴史 05　中華の崩壊と拡大』
河内春人『日本古代君主号の研究——倭国王・天子・天皇』八木書店，2015 年
酒寄雅志「華夷思想の諸相」『渤海と古代の日本』校倉書房，2001 年所収(初出は 1993 年)
西嶋定生『中国古代国家と東アジア世界』
——『日本歴史の国際環境』UP 選書(東京大学出版会)，1985 年
——『古代東アジア世界と日本』
濱田耕策「日本と新羅・渤海」荒野泰典他編『日本の対外関係 2　律令国家と東アジア』吉川弘文館，2011 年
夫馬進『朝鮮燕行使と朝鮮通信使』第一章「朝鮮の外交原理，「事大」と「交隣」」名古屋大学出版会，2015 年
森公章『倭の五王——5 世紀の東アジアと倭王群像』日本史リブレット人(山川出版社)，2010 年
森平雅彦他編『東アジア世界の交流と変容』九州大学出版会，2011 年
山内弘一『朝鮮からみた華夷思想』世界史リブレット(山川出版社)，2003 年

第６章
石見清裕『唐の北方問題と国際秩序』汲古書院，1998 年
奥村周司「高麗における八関会的秩序と国際環境」『朝鮮史研究会論文集』第 16 号，1979 年
菅沼愛語『7 世紀後半から 8 世紀の東部ユーラシアの国際情勢とその推移——唐・吐蕃・突厥の外交関係を中心に』溪水社，2013 年
唐代史研究会編『隋唐帝国と東アジア世界』汲古書院，1979 年
豊島悠果「高麗開京の都城空間と思想」『中国——社会と文化』第 27 号，2012 年
廣瀬憲雄『東アジアの国際秩序と古代日本』吉川弘文館，2011 年
——『古代日本外交史——東部ユーラシアの視点から読み直す』講談社選書メチエ，2014 年
森平雅彦「朝鮮における王朝の自尊意識と国際関係——高麗の事例を中心に」『九州大学 21 世紀 COE プログラム「東アジアと日本：交流と変容」統括ワークショップ報告書』2007 年
森安孝夫『興亡の世界史 05　シルクロードと唐帝国』講談社，2007 年

参考文献

川本芳昭『魏晋南北朝時代の民族問題』汲古書院，1998年
――『中国の歴史05　中華の崩壊と拡大』講談社，2005年
――『東アジア古代における諸民族と国家』汲古書院，2015年
朱増泉「南北朝戦争」『神剣』2010年第3期
泰永洲「東晋南北朝時期中華正統之争与正統再造」『文史哲』1998年第1期
張達志「北魏道武帝入主中原与胡漢融合的歴程」『東南文化』2008年第4期
鄧楽群「十六国胡族政権的正統意識与正統之争」『南通師範学院学報(哲学社会科学版)』2004年第4期
松下洋巳「五胡十六国の天王号について」『調査研究報告(学習院大学)』第44号，1999年
三﨑良章『五胡十六国――中国史上の民族大移動』東方書店，2002年
李方「前秦苻堅的“中国”観与民族観」『西北民族研究』2010年第1期

第4章

王成国「略論高句麗与中原王朝的関係」『東北史地』2007年第1期
大庭脩『親魏倭王』学生社，1971年，増補版2001年
――『秦漢法制史の研究』創文社，1982年
金子修一『隋唐の国際秩序と東アジア』名著刊行会，2001年
栗原朋信『秦漢史の研究』吉川弘文館，1960年
呉慶顕「両漢対西域的経略――授与官号印綬」『黄埔学報』2006年第51期
坂元義種『古代東アジアの日本と朝鮮』吉川弘文館，1978年
谷川道雄『隋唐帝国形成史論』筑摩書房，1971年，増補版1998年
冨谷至『四字熟語の中国史』岩波新書，2012年
西嶋定生『中国古代帝国の形成と構造――二十等爵制の研究』東京大学出版会，1961年
堀敏一『中国と古代東アジア世界』
李雲泉『朝貢制度史論――中国古代対外関係体制研究』新華出版社，2004年
李大龍「従高句麗県到安東都護府――高句麗和歴代中央王朝関係論述」『民族研究』1998年第4期
李文学「漢魏外封武官制度研究」『西南民族大学学報(人文社会科学版)』2013年第6期
劉文健「高句麗与南北朝朝貢関係変化研究」『東北史地』2010年第2期

参考文献

第 1 章

安部健夫「中国人の天下観念——政治思想史的試論」『清代史の研究』創文社，1971 年所収（初出は 1956 年）

王柯『「天下」を目指して——中国多民族国家の歩み』農山漁村文化協会，2007 年

堀敏一『中国と古代東アジア世界——中華的世界と諸民族』岩波書店，1993 年

渡辺信一郎『中国古代の王権と天下秩序——日中比較史の視点から』校倉書房，2003 年

渡邉英幸『古代〈中華〉観念の形成』岩波書店，2010 年

第 2 章

梅原郁「皇帝・祭祀・国都」中村賢二郎編『歴史のなかの都市——続都市の社会史』ミネルヴァ書房，1986 年

尾形勇『中国古代の「家」と国家——皇帝支配下の秩序構造』岩波書店，1979 年

——「中国の即位儀礼」『東アジア世界における日本古代史講座』第 9 巻，学生社，1982 年

金子修一『古代中国と皇帝祭祀』汲古書院，2001 年

——『中国古代皇帝祭祀の研究』岩波書店，2006 年

邢義田「天下一家——中国人的天下観」『中国文化新論 根源編　永恒的巨流』聯経出版事業公司，1981 年

——『天下一家——皇帝，官僚与社会』中華書局，2011 年

小南一郎『古代中国　天命と青銅器』京都大学学術出版会，2006 年

西嶋定生『中国古代国家と東アジア世界』東京大学出版会，1983 年

——『古代東アジア世界と日本』岩波現代文庫，2000 年

松井嘉徳「周王の称号——王・天子，あるいは天王」『立命館白川静記念東洋文字文化研究所紀要』第 6 号，2012 年

渡辺信一郎『中国古代の王権と天下秩序』

第 3 章

王柯「五胡十六国時代における胡族政権の中華王朝思想」『国際文化学研究　神戸大学国際文化学部紀要』第 10 号，1989 年

檀上 寛

1950年生まれ．京都女子大学名誉教授．京都大学大学院博士課程修了．文学博士
専攻―中国近世史
著書―『明の太祖 朱元璋』白帝社
『明朝専制支配の史的構造』汲古書院
『永楽帝――華夷秩序の完成』講談社学術文庫
『明代海禁＝朝貢システムと華夷秩序』京都大学学術出版会 など

天下と天朝の中国史　岩波新書（新赤版）1615

2016年8月19日　第1刷発行

著　者　檀上《だんじょう》 寛《ひろし》

発行者　岡本 厚

発行所　株式会社 岩波書店
〒101-8002 東京都千代田区一ツ橋2-5-5
案内 03-5210-4000　営業部 03-5210-4111
http://www.iwanami.co.jp/

新書編集部 03-5210-4054
http://www.iwanamishinsho.com/

印刷・理想社　カバー・半七印刷　製本・中永製本

ISBN 978-4-00-431615-2　Printed in Japan

岩波新書新赤版一〇〇〇点に際して

ひとつの時代が終わったと言われて久しい。だが、その先にいかなる時代を展望するのか、私たちはその輪郭すら描きえていない。二〇世紀から持ち越した課題の多くは、未だ解決の緒を見つけることのできないままであり、二一世紀が新たに招きよせた問題も少なくない。グローバル資本主義の浸透、憎悪の連鎖、暴力の応酬——世界は混沌として深い不安の只中にある。

現代社会においては変化が常態となり、速さと新しさに絶対的な価値が与えられた。消費社会の深化と情報技術の革命は、種々の境界を無くし、人々の生活やコミュニケーションの様式を根底から変容させてきた。ライフスタイルは多様化し、一面では個人の生き方をそれぞれが選びとる時代が始まっている。同時に、新たな格差が生まれ、様々な次元での亀裂や分断が深まっている。社会や歴史に対する意識が揺らぎ、普遍的な理念に対する根本的な懐疑や、現実を変えることへの無力感がひそかに根を張りつつある。そして生きることに誰もが困難を覚える時代が到来している。

しかし、日常生活のそれぞれの場で、自由と民主主義を獲得し実践することを通じて、私たち自身がそうした閉塞を乗り超え、希望の時代の幕開けを告げてゆくことは不可能ではあるまい。そのために、いま求められていること——それは、個と個の間で開かれた対話を積み重ねながら、人間らしく生きることの条件について一人ひとりが粘り強く思考することではないか。その営みの糧となるものが、教養に外ならないと私たちは考える。歴史とは何か、よく生きるとはいかなることか、世界そして人間はどこへ向かうべきなのか——こうした根源的な問いとの格闘が、文化と知の厚みを作り出し、個人と社会を支える基盤としての教養となった。まさにそのような教養への道案内こそ、岩波新書が創刊以来、追求してきたことである。

岩波新書は、日中戦争下の一九三八年一一月に赤版として創刊された。創刊の辞は、道義の精神に則らない日本の行動を憂慮し、批判的精神と良心的行動の欠如を戒めつつ、現代人の現代的教養を刊行の目的とする、と謳っている。以後、青版、黄版、新赤版と装いを改めながら、合計二五〇〇点余りを世に問うてきた。そして、いままた新赤版が一〇〇〇点を迎えたのを機に、人間の理性と良心への信頼を再確認し、それに裏打ちされた文化を培っていく決意を込めて、新しい装丁のもとに再出発したいと思う。一冊一冊から吹き出す新風が一人でも多くの読者の許に届くこと、そして希望ある時代への想像力を豊かにかき立てることを切に願う。

（二〇〇六年四月）